魚乾女變身手札

不要覺得多喝汽水就會有氣質

章含 著

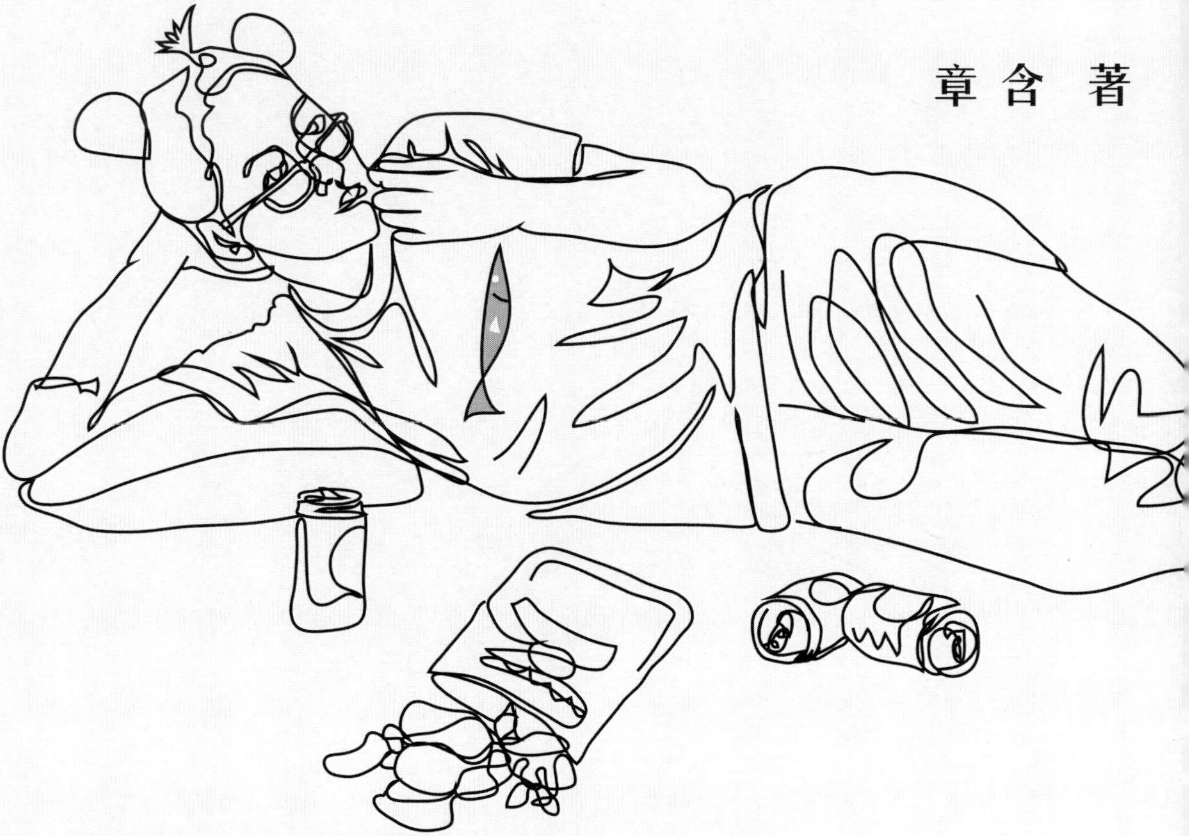

為什麼有些女孩那麼「有氣質」？

大街上、網路上，處處都能看見姿色不錯的正妹；

氣質女孩卻好像越來越稀少，但一旦出現，必成為眾人焦點。

若想在眾多「花瓶」中多穎而出，請先問問自己：妳有氣質嗎？

魚乾女變身手札

不要覺得多喝汽水就會有氣質

目錄

目錄

目錄

第十章　氣質與品味——讓女人的心靈更加充盈

目錄

第十五章　氣質與心態——優雅的氣質來自完美的內心

第一章　氣質——女人魅力的源泉

「氣質」是女人最永恆的神韻

氣質是女人魅力的源泉，就如同山上有了水就會立刻顯現出靈氣一樣，一個女人只要插上了氣質的翅膀，就會立刻神采飛揚、明眸顧盼、楚楚動人起來。

氣質看似無形，實則有形。它是透過一個人對待生活的態度，個性特徵、言談舉止等表現出來的。走路的步態，待人接物的風度，皆屬氣質的範疇。

天賦的容顏是一道最容易消逝的風景，無情的歲月在奪走女人那面如桃花的容貌的同時，也會在那張曾經漂亮的臉上烙印下歲月的痕跡，而存留下來的正是生命中最本質的內容——氣質！女人可以憑藉自己漂亮的容貌吸引人們的眼球，贏得極高的回頭率，但真正能讓人們為之傾倒的，卻是女人那蘊涵如詩的美麗氣質！

主持人靳羽西女士曾經說過：「氣質與修養不是名人的專利，它是屬每一個人的。氣質與修養也不是和金錢、權勢聯繫在一起的，無論你何種職業，任何年齡，哪怕你是這個社會中最普通的一員，你也可以擁有你獨特的氣質與修養。」所以，氣質對於每一個女人來講都是公平的，每一個女人都能夠得到氣質精靈的寵愛，每一個女人都有機會展現自己獨特的氣質。

女人的氣質猶如花之魂、水之韻、松之魄，無影無形，很難用言語形容。詩人徐志摩曾被一個日本女人的溫柔氣質所感動，寫下了「最是那一低頭的溫柔，像一朵水蓮花不勝涼風的嬌羞……」這「一低頭的溫柔」不但讓偉大的詩人傾倒不已，更穿透時光，至今仍讓人深深陶醉！

氣質是一種靈性，如果女性靠化妝品來維持，那麼生命必定是蒼白的；

氣質是一種智慧，一點點的雕琢著一個女人，塑造著一個女人，女人的一個不經意的動作，就能吸引所有人的目光；

氣質是一種個性，蘊藏在差異之中，只有不斷創新，才能擁有與眾不同的韻味，成為一個讓人難忘的人；

氣質是一種修養，在城市流動的喧囂中，洗練得超凡脫俗般的「寧靜」。

有氣質的女人像一本書，每一次品讀都給人新的感悟。也許這本書並沒有引人注目的封面，卻依然讓人愛不釋手；有氣質的女人如一幅畫，讓駐足欣賞者不知不覺忘卻了時間的流逝，只深深沉醉於她氣質的萬千韻味之中；有氣質的女人是一段香，「零落成泥碾作塵，只有香如故」。枯萎老去的是容顏，氣質女人的一縷香魂卻將永不凋零。

女性的內在氣質，透出一種由外到內的魅力。作為東方女性來說，一種經過傳統文化薰陶出的美會更有特點，使氣質更加溫柔、內斂一點。氣質女人的標準是從內在美開始，再具有美好的心靈、高尚的道德、健康的身體，並熱愛自己的事業、家庭、朋友，這樣才會有美麗的內心世界。

氣質與生俱來嗎

一個人能改變自己的氣質嗎？

古代人的氣質與現代人的氣質是否一樣？

一個地方的人的氣質與另一個地方的人的氣質有可能一樣嗎？

許多人都有這樣的疑問。由於氣質問題正隨著歷史的腳步而越來越引起人們的重視，人們對氣質的問題也就特別關心了。他們關心氣質，因為他們知道氣質對於生活、生命的重要性。

那麼氣質是不是與生俱來的？

先看美國心理學家湯瑪斯的一段話：「在許多兒童中，這些氣質的原始特徵往往在隨後的二十多年發展階段中保持。」

他是在發現了兒童天生的氣質差異以後說這番話的。也就是，出生不久的兒童，他們就已經具有與別人不一樣的氣質了，而這種氣質又將長期保持。即，這種氣質特徵和氣質類型是相當穩定的。

換句話說，由於氣質的形成有一個生理上的基礎，因而，它們的形成，與他們出生時的狀況，是有著緊密的聯繫的。

嬰兒剛剛出生，為什麼就產生了區別呢？比如說，一個嬰兒與另一個嬰兒，他們哭的方式、鬧的方式，為什麼是不同的？又為什麼有的嬰兒非常吵鬧而有的則比較安靜呢？

這個時候，作為嬰兒，他們還沒有受外界的種種影響，所以，他們所具有的這些氣質的差異可以說明，氣質是有著先天性的因素的，是與生俱來的。它是由於人的神經系統的先天性造成的。

俄國生物學家巴夫洛夫曾長期致力於這方面的研究。他透過對高等動物的實驗發現了高級神經活動的一些特徵。

他對自己的研究結果作出報告如下：

「大腦皮層神經細胞工作能力和耐力的標誌是它的興奮與抑制過程的強度。在一定的限度以內，高等動物的條件反射和條件刺激物之間保持著強度規律，大腦皮層中發生的興奮是與刺激物的強度相適應的。興奮過程強的動物能夠忍受強烈而持久的刺激，並形成條件反射；興奮過程弱的動物，在刺激過強和過於持久時，難以形成條件反射，已形成的反射也會遭到抑制和破壞。」

抑制過程強的動物能忍受持續內抑制五～十分鐘，而對抑制過程弱的動物來說，僅僅十五～三十秒的內抑制就使它難以忍受，時間稍長會引起神經的病態變化。

興奮過程與抑制過程強度之間是不是得當，就是神經過程的平衡性。如果大體相等，那說明它們之間是平衡的；如果不相等，那就是不平衡。

它們之間的不平衡，可分為兩種情況：

一種是興奮過程相對占優勢。

一種是抑制過程相對占優勢。

興奮與抑制過程相互轉化的速度就是神經過程的靈活性。興奮與抑制能夠迅速的轉化，那就說明它是靈活的；反之，就是不靈活的。

而我們通常所知的四種氣質類型——多血質、膽汁質、黏液質、抑鬱質，就是根據神經活動的這些規律來劃分的。

而別的有關專家從各種不同的角度對氣質所作的另外的劃分方法，也都是從先天所具有的生理角度出發的。

比如：德國精神病學家與心理學家克雷奇默提出氣質的體型說。這種學說是說，人的不同體型，是導致人具有不同氣質的主要原因。

這種氣質的體型說，得到許多精神病醫生與心理學者的肯定。這說明它具有一定的合理性。

而美國的一個心理學家謝爾登，從克雷奇默的成果出發，緊接著對人的體型與氣質的關係作了更為深入的研究。

關於氣質與人本身的生理素質的關係學說，其實還有很多。總的來說，這些科學家的努力可以證明：人的氣質，可以說是與生俱來的。

氣質可以改變

既然一個人的氣質是與生俱來的，是不是就不可以改變了？

要是這樣，那些自認為氣質不好的人，豈不是要自卑一輩子了？

回答是：氣質不僅受先天生理素質的影響，同時它也受後天種種因素的影響。也就是說，人的氣質，是可以改變的。

巴夫洛夫曾做過這樣一個實驗：他把飼養的八隻同時出生的小狗，給予不同的生存條件。

他讓其中的四隻在自由條件下飼養，讓牠們自由的奔跑、來往、挑食，不受到任何拘束；而另外四隻呢，則是關在籠子裡，讓牠們吃指定的食物，讓牠們一天到晚得不到活動自由，更不讓牠們與其他同類來往。

這樣過了兩年。兩年以後，他發現，他給予充分自由的那四隻小狗，已形成了許多條件反射，顯示出強型的特徵。

而那關在籠子裡的四隻呢？

牠們對外界刺激的反應則明顯的表現出被動、防禦、恐懼的特點，都是屬弱型的。

由此看來，外在環境和生活條件，對人的氣質也是有很大影響的。

還可以舉這樣一個例子。

著名作家賈平凹的氣質按理說是黏液質的，因為，文如其人，從他的大量作品中，我們都可以感覺出賈平凹是個安靜、穩重、沉默寡言、善於忍耐的人，可是後來，我們在公眾場合，卻常可以看到他當著大眾的面侃侃而談，而且許多時候還顯得活潑好動，甚至直率熱情，差不多成了個膽汁質的人了。

這是為什麼呢？

這是因為，自他事業成功以後，他的生活環境與外界條件都發生了變化。

由於他是一個名人，一個受歡迎的人，因而，外在的環境對他來說總是寬厚、鬆弛、善良的，他很少再有受侵犯、受壓抑等種種普通人都不可避免的生活重擔，久而久之，他的氣質就發生了變化。

而我們身邊更有許多觸手可及的例子。

比如：在你小的時候，你的爸爸是個有活力、有幹勁的人，現在你長大了，他怎麼變成個沉默少語、缺少幹勁的人？

比如：你姨媽以前是對外界反應遲鈍、對生活缺少熱愛的人，怎麼自從嫁了人以後，反而變成個反應敏捷，時常忍不住就哈哈大笑的人？

這一切，不都說明了，氣質是可以改變的嗎？

當然，氣質的可變性，不能推翻氣質的穩定性。一株青草可以在它的生長過程中改變顏色、形狀、大小等等，卻不能改變它作為一株青草的特性。青草還是青草，永遠不會長成一棵樹。

一個人的氣質可以隨著外在條件的變化而變化，但這種變化只是量的變化，不會有質的變化。

了解你的氣質類型

古往今來，對氣質的解釋是多種多樣的。古代有陰陽五行說，古希臘有體液說，現代則有血型說、體型說、荷爾蒙說、高級神經活動類型說等等。不同的學說對氣質有不同的分類標準，其中影響最大的是古希臘著名醫生希波克拉斯的分類方法。

希波克拉斯認為人體內有四種液體：血液、黃膽汁、黑膽汁和黏液。他根據四種液體在人體內所占的比例不同，把人的氣質分為四類：多血質、膽汁質、黏液質和抑鬱質。心理學上稱之為氣質類型，一直沿用至今。

多血質

多血質類型的人情緒興奮性高，外部表現明顯，反應迅速而靈活，表現為情感發生迅速，對人對事易發生情緒反應，但情緒不穩定，心境變換較快，反應性強，具有較大的可塑性。

具有這種氣質的人，感受性高而耐受性低。他們舉止敏捷，姿態活潑，有生動的臉部表情；言語表達能力和感染力強，思維敏捷，善於交際，情感外露，但體驗不深刻；待人熱情親切，但又顯得粗心浮躁；辦事多憑興趣，富於幻想，缺乏忍耐和毅力，不願做耐心細緻的工作。

膽汁質

膽汁質類型的人情緒興奮性高，抑制能力差，反應速度快但不靈活，情緒體驗強烈而持久。表現為情緒產生迅速，帶著爆發式特點。

具有這種氣質的人感受性低而耐受性高，外傾明顯，日常生活中表現為熱情積極，易於激動，情感深刻而穩定，性情直率，精力旺盛，堅韌不拔，持久不渝，言語明確，富於表情，處理問題迅速堅決；但自制力差，情緒急躁，辦事粗心，有時剛愎自用，傲慢不恭。

黏液質

黏液質類型的人情緒興奮性和不隨意反應性都較低，內傾明顯，外部表現少；反應速度慢，穩定性強。

具有這種氣質的人，情感不易發生和暴露，心平氣和，不易激動；但情緒一旦被激起，就變得強烈、穩固而深刻。他們行動穩定遲緩，說話慢且語言不多，遇事謹慎，三思而行；善於克制忍讓，生活有規律，不為無關的事分心，埋頭苦幹，有耐久力；但往往不夠靈活，注意力不易轉移，容易固執拘謹。

抑鬱質

抑鬱質類型的人情緒興奮性低但體驗深刻，不隨意反應性低，反應速度慢且不靈活，具有刻板性、內傾性。這種人感受性高，耐受性低。

具有這種氣質的人多愁善感，情緒體驗少而微弱，並多以安靜的方式出現。他們沉靜含蓄、易相處、人緣好，辦事穩妥可靠，但遇事缺乏果斷和信心，生活中常有孤獨的表現，工作易疲勞，疲勞後也不易恢復。

如何克服壞習慣

壞心情就像壞天氣一樣，是生活中自然會出現的現象，如果某人說：「我永遠沒有壞心情。」這不過是痴人說夢罷了，各種困擾和壓力不時的向我們走來，一個血肉之軀哪能不感受到苦惱與無奈呢？然而人又是理智的、積極的，壞心情並非是生命中不可克服的東西，我們應該充滿信心的認識到這一點。

說到壞心情，常見的不外是不安、孤獨、空虛、嫉妒、憤恨、悲傷等等。

不安

不安的產生常常是由於我們拿自己的實際能力與理想的自我相比，覺得達不到要求而產生的內心矛盾與情感不適應。其實並非真的內在能力不適應，而很可能是錯用了衡量尺度。一個人改變不安心情的良方是腳踏實的，承認目前的困難和障礙，努力的奮鬥，人只有在向前運動、有所尋求時，才能保持平衡、鎮定和有安全感。如果理想的自我是有價值的目標、能夠達到的目標，那麼在日常的努力中，不安就會被最後必能取勝的意志所克服。

孤獨

誰也免不了有時會感到孤獨。孤獨是一種自我保護的方法，有時它可以使你避免暴露、傷害和侮辱，但過度的孤獨卻是極為有害的，它使你與外界隔離，無法與別人正常相處。在這種孤獨中，你會出於悲觀而不情願處理事情，非要別人來找自己，非要別人取悅於自己，而從不想對社會環境作出自己的貢獻。長此下去必會成為生活的失敗者，所以不要過於顧慮自己的感覺。強迫自己加入大家的行列，開始可能會覺得不習慣，但堅持下去就會從中受到熱烈情緒的感染，忘了原先的孤獨，與同事朋友一起去跳舞、打牌、交談等等，你會逐漸發現，大多數人都是友好的，願意接納你的。

空虛

所謂空虛就是認為沒有一個目標值得去努力，這是十分可怕的。因為一旦你認為「生活沒有目的」「生活沒有價值」，你就會在行動上逃避工作和責任，對一切都得過且過，不管怎樣去尋求享樂，都依然感到生活枯燥無味。在這種心情下，你必須立即為自己選擇一個值得追求的目標，哪怕一開始認為意義不大。要知道，空虛是生活中沒有創造性的展現，為什麼不去運用自己的才能和勇氣追求一個重要的目標呢？積極從事一種事業的人是快樂的，是不會感到空虛的。

嫉妒

嫉妒是一種普遍存在的感覺，有這種感覺是正常的，但當它長期占據我們的情感時，就會使人失去理智。當你在生活中產生了嫉妒的感覺時，首先要理智的想想許多事情，當你仔細的想明白後，就會發現有時嫉妒是愚蠢而可笑的。

一味將感覺陷在可悲的嫉妒中，不如振作起來，充實自己，透過努力，超越原本被你所嫉妒的一切。

憤恨

一個人對某件事、某個人產生一時的憤恨是很正常的，但如果是習慣性的憤恨，就說明你的感情出了問題。從表現上看，你的憤恨是由其他人、事件或環境引起的，而其實是用「不公平待遇」、「不公正」等術語來解釋自己的失敗，以補償自怨自艾的心理。即使真的遇到不公平的事情，光憤恨也是沒有用處的。要知道，你是生活中自己的主宰，而不是被動的接受者，如果你懷有憤恨之情，就不能使自己成為自信、自主、自強的人。能看到這一點，憤恨不平就會轉化成對自身成功與幸福所抱有的責任感。

悲傷

悲傷的情緒大概是最易獲得別人同情的了，在失去親人、患了重病等不幸的時刻，產生悲傷是無可指責的，但是如果長期不能自拔，就是一種自虐了。一位心理學家說：「我們所謂的災難基本上完全歸結於人們對現象採取的態度。如果我們同意面對災難，樂觀的忍受它，它的毒刺也往往會脫落，成為一株美麗的花。」換言之，不幸的事件使我們失去了生命中一些寶貴的東西，但只要生命仍然掌握在我們手中，就可以繼續追尋，去創造美好未來。時間能沖淡過去的一切，創傷總會慢慢癒合。

如何展現女性的氣質魅力

人的魅力是一個綜合形象，是性格、氣質、修養、容貌、生活態度的綜得體。

人的容貌如同一朵花，季節性很強，總會有凋零之時。而人的氣質所帶來的風采，卻是與日俱增的，它的美感是不受服裝打扮和年齡制約的，它總是隨時隨地自然的流露出來。

美好的社交形象所表現出的是自信、大方、優雅得體，它能給人留下深刻而美好的印象。美好的社交形象不僅使人感到自信，也使周圍的人感到愉快，同時也為你走向社會，走向成功開了一張通行證。

一個人的高雅氣質和翩翩風度，在與他人的接觸中是十分重要的。當人們對你還不了解的時候，第一印象的好壞很可能決定著人們是否願意繼續與你打交道或與你合作。所以，職業女性不但要注重美容、化妝、講究衣飾，而且也要注重培養自己的優雅氣質和風度。

有些女人，雖然相貌平平，衣飾普通，但在與人交往中，在待人接物中能很快贏得大家的喜歡，人們願意與之交往與合作，是因為不僅能從與她的交往中得到啟示和幫助，還可以得到一種享受與愉快。

良好的氣質，是以人的文化素質、文明程度、思想品質為基礎的，同時還要看她對待生活的態度。一個懷有高尚理想和志趣的人自然也是一個樸素謙虛的人，表現出一股旺盛的生活熱情。在現實面前，他們把自己的願望和事業結合起來，並認真去實踐，在其中得到充實，精神上振奮，神采飛揚，給人以生氣勃勃的感覺；在遇到逆境的時候，總是孜孜不倦，鍥而不捨，給人以自強不息的感覺。

相反，軟弱、幼稚、自怨自艾是女性優美氣質的大敵，這種精神狀態下的女性，多表現為過強的依賴性，自我滿足和自暴自棄。它最多能換來人們的同情，而無法贏得尊敬。

對於職業女性來說，社交形象與她的能力一樣重要。要塑造自己的良好形象，應該注意以下內容：

擁有良好的儀表

一定要重視自己的外貌和服飾，良好的外貌形象表現出你對生活的態度：是熱情進取，還是頹廢混日子；是看重自己，還是對自己的好壞都無所謂。得體的衣飾，也可以使別人看出你是否自信，是否尊重自己以及你的審美修養。

追求女性氣質

不要以為職業女性就應突出職業性，要保留你作為女性特有的氣質：溫柔、高雅、聰慧，這樣在男士為主的眾多的社交活動中可以帶去一種清新、溫暖、恬淡的氣氛，相信人們是會歡迎你的，而故作男性似的粗獷與雄健，一定會遭到冷落。

如何展現女性的氣質魅力

注意修養

平時多注意讀書學習，向有經驗的成功女性學習社交知識，積極培養自己在文學藝術上的水準，增加內在養分，才能不至於空有外表而一張口就漏洞百出。

突出的個性

女性的美貌往往是最直接的吸引力，然而，隨著交往的加深，了解的增多，真正能長久的吸引人的卻是她的個性。因為這裡蘊涵著她自己的特色。正如索菲亞·羅蘭所說：「應該珍愛自己形體的缺陷，與其消除它們不如改造它們，讓它們成為惹人憐愛的個性特徵。」人的溫柔並非沉默，更不是毫無主見。相反，開朗的性格往往透露出女性的天真爛漫氣息，更易表現人的內心。富有感情的人更能引起別人的感情共鳴。

高雅的志趣

高雅的志趣會給女性之美錦上添花，從而使愛情和婚姻生活充滿迷人的色彩。

每個女性所顯露的氣質不盡相同。各種各樣的女性氣質，都跟女性的人品、性情、學識、智力、身世經歷和思想情操分不開。要想獲得優雅的氣質和風度，離不開良好的教育和修養。

走路輕快

不要快馬加鞭，但走路太慢，也顯得缺乏活力。輕鬆一點，可使你表現得年輕活潑。同時身體要平直，雙腳不可分得太開，用足尖先落地，然後自然的前後擺動。

身體肌肉柔軟

如果你的臉部肌肉太緊張，則很難保持笑容；如果你時常把額頭皺起來，就會產生一種愁眉苦臉的樣子，使人產生厭惡之感。所以身體的肌肉經常保持柔軟程度，是避免肌肉緊張的最好方法，也是表現姿態美的主要方法。

最具吸引力的女性氣質

幾乎所有的女性都渴望自己在性格和外表方面，對別人具有更大的吸引力。懂得如何去發揮自己的優點及改掉自己的缺點，便可使你魅力大增。

1. 要接受自己的外貌。每個人在性格或外貌方面，都有其獨特的氣質和優點。懂得如何加以發揮，便可增加吸引力。
2. 對別人信任和關心。熱誠與關懷，是最具吸引力的氣質之一，對別人關心體諒，將會獲得相同的回報。別人將會為此種氣質而折服。
3. 儀態端莊，充滿自信。一個步姿瀟脫、意氣風發、充滿自信的女性，最能吸引別人。
4. 保持幽默感。一個懂得在適當的場合和適當的時間展露笑容或開懷大笑的人，一定能受到別人的歡迎。
5. 不要懼怕顯露真實情緒。不論喜怒哀樂，還是柔情蜜意，都不應加以隱藏。一個經常壓抑、掩藏情緒的女子，會被視為冷漠無情，沒有人會喜歡和一座冰山交往。
6. 有困難時，應該向朋友求助。朋友會因你向他們求助而感到他們的重要性。他們不但不會輕視你，反而會引為知己，對你更加喜愛。

以現代男性的眼光來看，女性的魅力應該是其內在人格與外在儀表相結合的美。

富有魅力的女性，一般具有如下特徵：

1. 個性突出。對於一般男性來說，初次見面，女性的美貌往往是最直接的吸引力。然而，隨著交往的加深，廣泛的了解，真正能長久的吸引他的卻是她的個性。她的某種細微表情、某句話、有個性的服飾、化妝都會產生吸引效果，使他動心。

2. 聰慧。隨著現代社會的發展，女性的聰明才智越發成為大多數男性擇偶時所注重的條件，聰明的女性總是對男性有較大的吸引力。

3. 整潔。穿著在某種意義上展現著一個人的個性，反映著人的精神狀態。整潔、得體的裝扮使人感覺清爽、俐落，新穎別緻的服飾則會使你楚楚動人，平添幾分魅力。

4. 自主性強。現代女性，有自己的人生價值觀，希望有更多的自由，以工作和事業成就為樂趣，具有獨立生活的能力，與之相處，往往使人備添生活的熱情和生命的活力。這種自主性強的女性，特別能吸引男性。

第二章　氣質與容貌——把最好的氣質寫在臉上

容貌為第一印象加分

容貌是人與人交往時最引人注意的部位，也是女人個性化的部位。女人對容貌的認識和關注不應僅是漂亮，女人的心靈、內涵、才智、情感、情緒、個性等等方面的特徵都會凝結在臉上。很多人認為「以貌取人」的觀念是錯誤的，但在眼光銳利的人士眼中，據「貌」斷人是很準確的。因此，女人應該高度重視容貌對他人的視覺影響。

女人應該力求容貌給人的感覺好一點，也就是美一點。人與人交往，最初的印象非常重要，心理學上稱為「序位效應」，意思是說人與人第一次見臉型成的第一印象，對日後的交往有著至關重要的作用，這種「序位效應」在整個交往中的作用達百分之七十五以上。如果對自己的容貌不滿意，條件允許的話，可以到專業的美容整形機構進行整形。讓美麗的容貌給自己增加更多的印象分。

女人初次給人的視覺印象美不美，會影響到對她的綜合評價。人在潛意識中，通常容易受少兒時期形成的觀念的影響。那些童話故事中的天使和美女都是美好和善良的化身，巫婆和醜女等同於醜陋和邪惡，這些觀念常常會影響人們對女人的善惡和美醜的評價，這就是原初的審美記憶產生的「觸媒效應」。

讓容貌更美一點，僅靠化妝是不夠的，但並不是說不需要化妝。我們經常看到不少女人不大修飾容貌，甚至在重要場合，也不修飾容貌，這是對容貌的重要性認識不足，否則最低限度也會做點什麼，如塗一點口紅、修一修眉毛等等，方法差一點不要緊，至少表現你知道這對你的人生命運是重要的。

魅力女性在重視容貌這個問題上，還要了解微笑的魔力。微笑是不需要花一分錢的，簡簡單單的一個笑臉，或許能迅速改變局面，讓你變得更討人喜歡。

一位日本著名造型師在他的一本書中，收集了幾十位女性的頭像，各個年齡層的都有，她們的共同點是，都展示給讀者一張燦爛的笑容。

所以說，微笑是社交場合的一張不折不扣的「綠卡」，是表達感情的最好方式之一。但是，沒有笑意、又沒有經過訓練的人很難笑出魅力。動人的微笑需要找到最到位的表情，並將這個表情熟記在心，不斷的反覆練習。

經過訓練的笑容，應該是可以控制的有表達力的微笑，這與本色微笑不同，本色微笑只有在非常開心的時候才會流露出來。

只有學會微笑，才能拉近人與人的距離，表達對他人的尊敬和禮貌，感謝他人的誠意和禮遇。微笑離不開眼睛的神采，要想笑得優雅，在嘴角上揚的同時，眼神要充滿感恩，眼角要向下彎一彎，這樣才更自然。

微笑可以給魅力加分，不恰當的面目表情會給魅力減分，所以在學會和把握微笑技巧的同時，一定要注意糾正怪異的表情，比如要學會控制不自覺的眨眼睛、皺眉毛、翻眼珠等。

蛾眉：女人味的亮點

人們常說：眼睛是心靈的窗口，而眉毛則是必不可少也是非常重要的裝飾。長短粗細不一的眉毛修飾得漂亮與否，直接影響整個臉部化妝效果。

女性的眉毛唯有透過精心細緻的修飾，方能顯出神韻和風采。對於有先天缺陷的眉毛，可選擇以下對策：

對策一

過於平直的眉毛：可將眉毛的上緣剃去，以形成柔和的弧度。

高而粗的眉毛：可剃去上緣，拉近眉毛與眼睛之間的距離。

太短的眉毛：可將眉尾修得尖細而柔和，再用眉筆將眉毛畫長些。

太長的眉毛：可剃去過長的部分，剃眉尾的下線，使眉尾比較尖細。
稀疏的眉毛：可利用眉筆描出短羽狀的眉毛，不可畫得過於平板。再用眉刷輕刷，使其柔和自然。
太彎的眉頭：可剃去上緣，平和眉拱的彎度。
眉頭太近：可剃去鼻梁附近的眉毛，使眉頭與眼角對齊。
眉頭太遠：可利用眉筆將眉頭描長，縮小兩眉之間的距離。

對策二

把握好眉形與臉型的關係：
最理想的臉型是鵝蛋臉，完全可以按照自己的喜好來畫眉形。
如果是比較寬而下頜尖削的心形臉，眉頭和眉尾要對應眼角和眼尾，眉梢盡量不要向外延伸。
方形臉在畫眉形時，線條要柔和，眉梢略向外延伸，使臉的上部顯得寬些，減弱上下一樣寬的視覺感。
如果是前額較窄的菱形臉，宜畫略微上挑的直型眉，線條要柔和一些，眉梢稍長出眼角即可。
如果是上窄下寬的三角臉，眉梢可長一些，線條適當粗一些。
圓形臉應該畫成柔和的弧形，眉頭要比內眼角稍長些，切忌畫成直線眉。
長臉型在畫眉毛時不要太長太彎，一般可修成平直的劍眉。

對策三

許多女性非常鍾愛古典型的蛾眉，如何化妝才能擁有滿意的蛾眉呢？首先要根據臉型選擇適合自己的眉形，用眉刷沿著生長方向刷好眉毛，然後用眉筆淡淡畫出與眉骨相對應的眉形線，用眉鉗沿著眉形線修整，拔去雜毛。眉頭和眉尾的寬度應大體相等，眉尾稍細一點。眉毛不可修得太細，那樣看起來很不自然。修好眉毛之後，用眉筆輕描，眉毛稀疏部位要一根一根的畫，切忌一筆畫下來。如在眼眉上塗棕色或深灰色眼影粉，效果就更好了。

對策四

與眼睛距離過近的眉毛或雙眉偏低，容易造成壓迫感，透過漂染眉毛可以緩解這種情況。漂染眉毛是以改變眉毛顏色來使五官舒展和改變臉型的有效方法之一。漂染眉毛如同染髮一樣，必須選擇品質優良的專用染眉劑。

把先調製好的漂染劑均勻的塗在眉毛上，並以軟棉花或棉花片覆蓋，在等漂染劑完全浸透到每一根眉毛以後再取下眉毛上的棉花片，用專業修護露把眉毛清洗乾淨，一對「嶄新」的眉毛就會出現在你的臉上，成為吸引男人目光的亮點所在。

皮膚的四季保養

有人說「世界上最美麗的服飾也比不上一身美麗的肌膚」，平滑、細膩、光潔、富有彈力的肌膚在視覺上可以傳遞美好、善良和愉悅，粗糙、灰暗、有色斑和凹凸不平的肌膚多給人負面的感覺，甚至容易讓人產生距離感和排斥感。女人的肌膚是女性修養、生活品質和個人性情的一份特定的說明書。女性對肌膚的保養已經不僅是挽留青春、保持光鮮的問題了。

肌膚保養，這是女人並不陌生的一個話題。某報在每一年的讀者調查中都有一個調查項目，了解讀者最關心的美容項目，結果表明，肌膚保養總是排在首位。同時，這份報紙在每年進行的中國美容院消費調查的報告中顯示，肌膚保養的消費量和消費人次也是高居榜首，這說明了女人對肌膚保養的需求是最大和最迫切的。

中國大部分地區四季分明，所以皮膚的保養應根據不同季節的氣候特點各有側重。

春季，是萬物更新、草木返青的美好季節。春天裡人的皮膚最美。因為此時皮膚機能活躍，顯得生氣勃勃，對皮膚起滋潤作用的皮脂分泌開始逐漸變得旺盛，容易帶走皮膚水分的寒風和乾燥空氣已被和潤的春風所代替，因此能維護皮膚的滑潤。但春天也可以說是皮膚疾病易發的季節。因為春季氣溫溫差較大，如皮脂分泌過盛，則容易長出青春痘；如果護膚品由冬至春轉換不當，則易使皮膚過敏，進而引起斑疹。所以春季更應保持皮膚的清潔，並合理使用化妝品。

春季潔膚應選擇性質溫和的潔膚產品，如溫和洗面乳和柔性珍珠磨砂膏等。潤膚應逐漸轉為適於春季使用的護膚品，但在初春遇冷空氣來襲時可繼續使用冬季使用的乳霜類護膚品。此外，在清潔皮膚後，也要像在冬季裡一樣，注意爽膚和潤膚。隨著氣溫的回升，日照時間的延長，皮膚的新陳代謝機能也隨之旺盛，皮脂腺與汗腺的分泌也增加了。但是，初春氣候變化異常，驟冷乍暖，往往使肌膚難以適應氣候的變化。春風固然和煦，但也不乏春寒，特別是中國西北、東北和華北地區，春寒與春暖是交替出現的。另外，春季大地復甦，各種肉眼看不見的細菌、病毒也活躍起來，這就更需要防病保健和保養皮膚了。在此季節，女性在沐浴後，應適當地抹些潤膚營養霜乳液以滋潤皮膚，並進行全身按摩。這樣，既可清除身上的汙垢，消除疲勞，又可以促進皮膚的新陳代謝。

夏季，驕陽似火，氣候炎熱，且氣壓低，濕度大，人們揮汗如雨，即便你是位不受風吹日晒的文靜女士，也不時汗出涔涔。當你步入舞廳，隨著音樂的節奏跳舞時，更會汗濕臉部和衣裙；如果你漫步烈日當頭的街道，自然也會汗流浹背。出汗雖有調節體溫之益，但也有減弱皮膚的抵抗力，使皮脂變薄、汗味變臭的弊端。再說，陽光中強烈的紫外線照射也損傷皮膚，輕者皮膚變黑，重者可發生中暑和晒傷。皮膚出現這些症狀，可利用冷光技術進行皮膚的修復。因此，夏季的皮膚保養應遵循以下兩條準則：一是每天洗澡，最好每天中午和晚上睡前沐浴；二要洗浴擦乾身體後，可用吸過水的海綿沾上粉底霜，輕輕拍在臉上，使之溶入皮膚，然後撲些香粉。香粉可吸收汗水，如用香味較強的撲粉，還可防汗臭、散體香。腋下、大腿根等部位出汗較多，也宜撲些香粉。為保養皮膚，女性在夏天切勿濃妝豔抹，帶色素的化妝品更要少用為佳，以防起斑疹。

秋季，經夏日驕陽晒後的皮膚，尤其在夏天經常游泳或洗海水浴的女性皮膚，更要及時保養，堅持按摩和敷臉敷臉，以防止黑斑的產生。深秋季節，皮脂與汗水分泌減少，皮膚處於乾燥狀態，應當每天抹用營養霜，以滋潤皮膚。不要忘了秋天也是女性皮膚的「多事之秋」。

冬夜漫長。人在睡眠時，身體放鬆，毛孔張開自由呼吸，這正是養護皮膚的好時機。首先，每晚睡前做二十次深蹲運動，加速血液循環，再用冷水洗臉。然後將手掌搓熱，用橄欖油或冷霜在臉部、頸部縱向按摩十五次，再橫向按摩十次，重複三次。最後選用易被皮膚吸收的水性化妝品塗抹護膚。

美白從小事做起

喜歡白並不是女人的專利，對不僅要美麗還要健康的現代人來說，美白不再是年輕少女的口號，而是所有人真正落實抗老化的第一步。

大家都聽過「一白遮三醜」，因為同樣是黃種人，膚色還是有很多種等級的，表皮健康無雜質，又能透出白裡透紅的柔嫩膚色最讓人羨慕。所以現在出現了許許多多解決這一煩惱的方法：雷射去斑、維生素C導入法、塗抹左旋維生素C等。這些方法雖然立竿見影，但卻會讓你花大錢且又無法保持持久的效果。真正想要美得健康、美得持久，就必須改變生活習慣。其實，每個人的膚色天生已經註定了，但除了每天勤快的往臉上塗塗抹抹外，還有很多方法不但可以美白還可以抗老化！以下是日常生活中不可忽略的美白注意事項：

防晒

如果你被突然出現的驕陽晒了個措手不及，回家後就特別需要對皮膚進行晒後修護，否則曝晒後的肌膚要等一～三個月才能完全恢復原色。

晒後修護，首先要用盡量溫和的潔面乳徹底清潔皮膚。清潔皮膚時盡量用冷水，這樣可以使沒塗防晒霜的肌膚得到「鎮定」，還能去除皮膚上的油汙和粉塵，使皮膚自由呼吸。

清潔完皮膚後，晒了一天的肌膚需要用冰水進行「鎮定」。具體做法是：先用化妝水將化妝棉完全浸濕，放在冰箱冷藏約十分鐘後取出，再輕輕拍於臉部發紅、發燙的部位；對於鼻尖、額頭與雙頰等容易脫皮的地方，可以用冰涼的化妝棉敷上十幾分鐘，以補充表皮流失的水分；如果肩膀、背部及胸部這類面積大的地方也經受了長時間日晒，可以用紗布蘸些生理食鹽水或清水，待冷藏至冰涼後，將其敷於刺痛部位，約二十分鐘後取下就可以了。

冷敷後短時間內不要使用過於刺激的保養品，最好能使用適合自己皮膚類型的晒後修護乳液。油性、混合性皮膚可以使用清爽無油的蘆薈、仙人掌成分的修護凝露，乾性皮膚可以使用補水補油的修護乳液。有些人喜歡用洗乾淨的蘆薈敷臉，尤其是敷在晒紅了的部位，也能夠達到很好的修護作用。另外，應盡量選擇寬鬆一點的衣服，讓晒後的身體得到充分放鬆。

一般來說，暮春的陽光還不至於讓皮膚晒脫皮或者起水皰，不過一旦出現這種狀況，千萬不要用手去撕死皮，可以用一些含維生素 C、維生素 E 的滋潤護膚品幫助皮膚恢復。酷夏時節，就更要當心陽光對皮膚產生的危害。每天出門前半小時一定要塗上防晒霜，最好隨身攜帶一支，以備不時之需。

充足的睡眠

根據科學實驗證明，人的皮膚每二十八天新陳代謝一次，大約在二十五歲達到巔峰，之後隨著年齡的增長新陳代謝會遲緩，若是你的年紀在三十歲以上，而且工作壓力比較大、過度疲勞、經常熬夜，那麼想要有美的肌膚可能就有點困難了。每晚的十一點到凌晨兩點俗稱「美容時間」，皮膚在這時候新陳代謝最旺盛，如果你想讓皮膚還維持年輕的活力與自然修復的能力，就不要忽視睡美容覺的功效。

不抽菸、不喝酒

抽菸與喝酒都會對皮膚造成很大的傷害，如果你留心就會發現抽菸的人臉色看起來會較黯沉，嘴唇的顏色也比較暗，那是因為抽菸會導致色素沉澱的緣故，如果再經常喝酒，對肝臟會造成負擔，也容易表現在皮膚上，除了皮膚較黯沉外臉頰還易出現斑點，而且斑點還會隨著年齡的增長而加深呢！那時可能就不是用保養品所能彌補的了。

多喝水

最簡單、方便的美白方式就是多喝水，要美得水亮透明就要注意水分的補充，適度的補充細胞內的水分，不但可以幫助各器官運作正常，體內的廢物也可藉此一併帶走，促進新陳代謝。對於因紫外線照射而產生的皮膚底層麥拉寧黑色素增生也可以藉由細胞的新陳代謝而較快排除，還可以讓表皮細胞由體內自然的補充水分，這比保養品的由表皮給水來得實在。

保養品的選購與塗抹方式

現在市面上有許多可以美白的保養品，其中含有果酸、A酸或是酵素之類的保養品是可以促進表皮的新陳代謝，讓皮膚較快的白回來的。但在使用這類產品時也要注意它的含量與成分（通常是在百分之十以下，若是在百分之十～百分之二十或是以上的話通常是拿來作換膚用的，而且是限於醫療上有醫生處方才可使用的），最好去購買一些專業護膚中心配製的產品，並且對任何一種保養品都不要連續使用超過六個月以上，因為這類酸性保養品過度使用會導致皮膚表皮變薄、變脆弱，有很多敏感性肌膚就是這樣造成的，使得日後晒到太陽臉頰會很容易發紅、發癢。

有些人覺得晚間所使用的保養品比較「補」，就把它拿來白天用，其實這是不對的，因為夜間的保養品通常所含的油脂成分會較多，或是有些甚至還含了果酸、A酸之類的成分，如果在白天使用反而會讓皮膚感光，容易晒黑。白天的保養只要選擇適合自己的膚質，適度的保濕和適當的防晒就行了；如果臉上塗得太油或是讓保養品的油分與皮脂腺所分泌的油脂融合在一起時，再經過陽光的照射會增加紫外線的穿透性，反而更容易晒黑，而且還會有較深層的皺紋產生。

健康肌膚最生「動」

想永遠做個彈性美人嗎？請記住多多按摩。

臉部按摩的好處實在不少：增進血液循環；增加氧氣輸送；促進細胞新陳代謝；幫助皮下汙垢排泄；消除腫脹鬆弛；恢復肌膚疲勞……歸根究柢，按摩的神奇作用在於促進血液循環，賦予肌膚細胞以新的生命力，同時帶走陳舊老化的細胞及雜質。

因此，除了偶爾去美容院進行專業性的皮膚按摩、護理之外，最好自己在家中堅持進行臉部按摩。如果能持之以恆，你會發現自己美得自信而驕傲。

關鍵字一：按摩霜

按摩前，一定要在臉部塗抹一些按摩霜。專用按摩霜不僅手感潤滑，還能吸收按摩時因摩擦產生的熱量，既發揮按摩的功效，又避免了摩擦對皮膚可能產生的傷害。

關鍵字二：按摩度

此處的「度」兼指力度與速度。只有輕柔的力度才能產生理想的效果，千萬不要五指上陣，胡亂拉拽肌膚，而用中指和無名指配合按摩最為合適。

按摩要有一定的節奏感，速度不宜太快或太慢，可以靜靜聆聽自己的心跳，按摩速度最好與心臟跳動的速度一致。

關鍵字三：按摩時間

按摩時間太長或太短都不適當，必須視肌膚的性質、狀況和年齡來確定。通常，油性肌膚按摩時間可稍長，每週按摩十五～二十分鐘；乾性肌膚則稍短，每週五～十分鐘即可；中性肌膚每週十～十五分鐘；敏感性肌膚最多五分鐘，嚴重者甚至不能進行按摩。此外，二十五歲以下的女性因肌膚彈性和新陳代謝較好，每週按摩五～十分鐘就足夠了。

關鍵字四：按摩方向

把握好按摩方向其實很簡單，就是要和肌肉的走向一致，按摩的關鍵在於使肌膚與肌肉一起運動，感到它們已融為一個整體為最好。

那麼如何才能讓平滑皮膚下的臉部肌肉與皮膚一同運動呢？記住一個小竅門：保持手指的動作與皺紋成直角。因為皺紋同肌肉的走向是成直角的，因此手指的動作與皺紋成直角，也就是順應肌肉的走向了。

美容化妝基本步驟

著名美容專家靳羽西有一句名言：「世界上沒有難看的女人，只有不懂得如何把自己打扮得體的女人。」

任何一位女性，只要坐到梳妝檯前，就可以成為一位「藝術家」——完善自己臉部形象的藝術家。正如古希臘哲學家亞里斯多德所說：「藝術就是用來彌補自然之不足。」然而，這種藝術又與真正的藝術家們進行創作不盡相同。因為人的臉蛋是生來就已經有了一個雛形，「藝術家」們只能在這個雛形的基礎上進行加工，精雕細琢，描上幾筆起到畫龍點睛的作用。如果我們真正仔細端詳一位我們認為非常漂亮的女性，就會發現她並不是完美無缺的，只不過是透過化妝突出了自己的優點，掩飾了某些不足而已。

任何一名女性，只要她能夠使用正確的方法化妝，都可以增加自己容貌的秀美，表現出自己蓬勃的精神、滿腔的熱情。日常生活中的化妝並不很難，實際操作起來也很快。化妝並不是做假，而只是在為自然增輝。但是，既然化妝是用來完善個人臉部形象的一門藝術，人們就有必要追求其最佳的藝術效果。因此，一方面，我們要了解自己的個性、自己的生活方式及生活環境；另一方面，還要做到每使用一種色調都應經過仔細推敲。

當然，每個人都有自己的審美觀，但總的來說，化妝應該是使一個人表現出她最美一面的手段。完美的臉部化妝，其奧妙就在於：它不是把人的形象掩蓋起來，不是給自己造成一副假象，而是要力求做到看起來很自然。只有這樣的化妝，才能真實的反映自己、表現自己，展現出自己獨特的風格。

清潔皮膚

首先，在化妝前，把頭髮固定，最好用頭巾包住。清潔臉部可以用洗面乳或清潔霜，用溫水沖洗臉部和頸部，接著用緊膚水自上而下的在皮膚上拭抹，最後用棉球蘸著化妝水正式的從下而上的塗抹一遍。有條件的也可到美容院請美容師幫助清潔皮膚。

塗抹粉底

粉底是由水分、油分、顏料製成的，可以供給皮膚不可缺少的水分和油分，同時又有較強的遮蓋力。

塗抹粉底的方法，是將粉底在額、鼻、臉頰、頷等地方各點一個點，然後用指尖或捲起的海綿角均勻、全面的塗抹；塗完後，用粉撲蘸乾粉抹勻；抹完後，再撲化妝粉，並用兩手把它打勻，稍停一會，用刷子把多餘的粉刷掉。

修飾眼睛

眼睛是最能表現出女性神韻的器官，必須非常重視眼部化妝，眼睛的化妝主要是塗眼影和畫眼線。

塗眼影主要是選擇合適的化妝部位，因為塗在不同的眼瞼部位，產生的效果不同。深色眼影塗在雙眼皮的褶皺中，能擴大眼部輪廓；亮色眼影塗在眼瞼溝中，能突出雙眼皮；眼影塗在眼角處，內眼角塗深色眼影，並與鼻側影相接，可突出眼睛的深邃；深色眼影塗在外眼角，能改變眼型。

畫眼線主要是為了使眼部輪廓清晰，一般上下眼線都畫。而眼瞼是人體皮膚中最薄的地方，因此在做眼影化妝時，要盡量輕柔，不要用手拉下眼瞼描繪，否則極易使眼睛周圍嬌嫩的皮膚提早出現皺紋。畫眼線時要將肘部支撐好，防止拿眼線筆的手發抖，改來改去眼線就變粗了。此外，臉不要動，而讓手、鏡上下移動。穩固肘部的方法有兩種：一是把肘部支撐在檯面上；二是將肘部緊靠在牆上。

畫眼線的標準原則是後粗前細，比例以七比三為宜。畫下眼線時，應把鏡子稍微抬高，眼睛轉而向上看，這樣既可免除用手指拉下眼瞼之弊，還會使眼線畫得極自然，需注意的是眼線筆尖要圓潤，用筆側峰畫曲線。畫上眼線時，應把鏡子放低，視線也向下，可畫到垂下的眼圈上。人們往往不注意閉眼睛時的化妝效果，認為只要眼睛睜著的時候好看就行。然而不要忘記，別人既能看到你睜著的眼睛，也能看到你閉上的眼睛。

修飾睫毛

修飾睫毛前，先用睫毛夾將睫毛捲一下，此時眼睛應該往下看；然後塗上睫毛膏，使睫毛又黑又深；若要染睫毛，則眼睛朝下看，將睫毛刷由睫毛根向睫毛梢滾刷。睫毛的修飾更多的展現在一些技巧的處理上。

修飾眉毛

修飾眉毛的方法有多種，各人可以根據自己的習慣、眉形特徵運用不同的修飾方法。

描眉

描眉是日常化妝中常使用的一種方法和步驟，普通的方法是，臉稍向下眼睛向上看，這樣上眼皮即顯示出一條自然的弧線，可按照這條弧線描出平行的眉形。畫的時候要按自然生長的規律一根一根的畫，濃淡、粗細要與原來的眉毛相吻合，才能達到以假亂真的效果。

拔眉

拔眉是較為常用的一種方法，但拔眉時一定慎重。拔眉之前應畫一個比較滿意的眉形，想好哪些是多餘應拔掉的眉毛，然後，用醫用酒精將眉鑷和眉毛進行消毒，用熱棉片敷在眉毛上五分鐘，這樣既能減輕拔眉時的疼痛，又能抑制拔眉後眉毛的再生；拔眉時應將鑷子靠近眉毛根部，順著眉毛生長的方向傾斜拔，一次最好只拔一根，如果眉毛位置過低，可沿著眉毛下緣拔去一些，反之，則拔去上緣的眉毛。

修飾鼻子

修飾鼻子的關鍵是畫鼻側影。畫鼻側影有使鼻部增高、鼻梁直挺的效果，還可與眼瞼顏色相稱，使眼妝更有神。

鼻妝常用的顏色為褐色、暗色、紫褐色等。化妝中應注意兩條側影均勻對稱，沿鼻梁平直輕掃，避免出現歪斜、移位或錯位；鼻梁兩邊側影的間距一般為一～一點五公分，太寬太窄都不自然；側影的起始應呈弧形，避免直角狀；側影的內側宜平直，外側應暈染，勿呈線條狀，鼻美容應根據不同的鼻形，以不同的化妝技巧來修飾。

1. 扁長鼻子：在內眼角至眼瞼部位打上褐色側影，鼻尖偏上打亮粉底，在鼻尖用暗色粉底以加高鼻梁、抬高鼻頭，起到縮短鼻梁的視覺效果，使鼻子顯得挺拔；或者可以透過降低眉頭的高度使鼻根產生相應偏低的視覺效果，在畫眉毛時，眉頭要加畫幾筆，或在眉頭下塗上與鼻影顏色相近的眼影。鼻影的顏色應比眼影稍微淡一些，不要延伸至鼻翼。

2. 長尖鼻子：在鼻子的兩側刷褐色側影，在靠近兩個內眼角外部要特意加深一些，再在鼻尖刷上少許暗色。

3. 短小鼻子：把鼻側影塗成深顏色，鼻梁塗一窄條亮色，就可以使鼻子顯得長些；另外，可在畫眉時將眉頭畫得稍高些，從眉頭起至鼻翼兩側塗紫褐色並加以暈染。鼻梁上端的化妝色彩要極淡，向下則漸濃。鼻頭部位應塗以濃褐色，並用指尖抹開。

4. 窄小鼻翼鼻子：可以用接近膚色的肉色眼影加少量的白色和黃色眼影塗在鼻翼上，鼻梁不可塗得太寬太亮，否則會使鼻翼顯得更小。

5. 塌鼻子：先在整個臉部塗上粉底霜，從鼻根到眉頭抹深棕色眼影，由眉毛向鼻子兩側打一些陰影，然後在兩眉之間的鼻梁上抹一道亮色眼影，並盡量向兩側暈開，陰影與亮色形成鮮明的對比，原來低陷的鼻梁顯得突出起來。

6. 圓鼻子：這種鼻子在臉部易造成體積過大的錯覺，與臉部其他器官顯得不太協調。可用褐色側影，從眉頭沿鼻梁的兩側至鼻頭塗抹，起到收縮鼻子的視覺作用。

7. 鷹鉤鼻：可在鼻梁兩側塗淡色側影，在鼻梁突出部位用深色粉底修飾，使其高度看似有所降低。

修飾嘴唇

先用唇線筆在唇部勾出一個理想的輪廓，唇線筆的顏色可以比唇膏的顏色稍深一點。塗好唇膏後，用唇筆把唇線和唇膏抹勻，不要留下分界線，然後用珠光唇膏在嘴唇中間加一個亮點，增加光澤。

運用適當的化妝術還可以矯正唇型：

過厚的嘴唇，在選擇唇膏時，應採用淺色而不是深色，因為淺色顯得輕巧些；還有一種辦法可以掩蓋厚唇，把粉底霜塗在唇邊，蓋住原有的唇線，在唇線內零點五～一公釐處畫一條唇線，然後塗入唇膏。所畫的唇線的交接處要比原唇線的交界處稍長一點，這樣可以使唇形拉長，看起來就不覺得太厚了。

過薄的嘴唇，在畫唇線時可以稍稍往外畫一點，在上唇的唇峰中間畫優美的曲線，使嘴唇顯得豐滿些。在塗唇膏時注意不要讓原有的唇線透出來。如果上唇比下唇薄，在上唇膏之前，先用粉底霜把原來的唇線蓋住，然後用唇線筆畫一條唇線。上唇的唇線要比原唇線畫出一公釐，下唇線要比原唇線畫進去一公釐。塗唇膏時，上唇的顏色可以比下唇的顏色淺些，但必須是同一個色系。

平直的嘴唇比較呆板，要改變這種狀況，首先要修正嘴唇的輪廓。在上唇畫出明顯的唇峰，下唇的輪廓呈滿弓形。塗唇膏時，上下唇的中間顏色要淺一點，唇峰的顏色要深一點，深淺過渡要自然，突出立體效果。

尖突的嘴唇給人一種不柔和的感覺，但只要稍加修飾就會有所改觀。從嘴角開始畫上唇線，偏離本來的唇線，斜向上、向前，與原來的唇峰會合。下唇線也從嘴角畫起，斜向下、向前在中部外側與本來的唇線會合。嘴唇兩側唇膏的顏色要淺一點，在日光下與嘴唇中部的色度相近，唇部就不會顯得太尖突了。

卸妝：美麗肌膚的最後一課

眼部卸妝

除非你的眼部除了粉底以外沒有其他的化妝品，否則你在卸妝時，應該先卸除眼部的彩妝。卸除眼部彩妝時應使用眼部專用的卸妝液，因為專為眼部彩妝而設計的卸妝用品質的更溫和，含有不刺激配方，不會傷害眼周肌膚。

當眼睫毛與眼影卸除完畢後，你應該檢查是否有剩餘的眼線或眼影遺留在細小的睫毛間隙或眼皮皺褶之中。若有殘妝，你可以利用棉花棒蘸取眼部卸妝液，按照與眼睛垂直的方向仔細的將其去除乾淨，以免化妝品停留在脆弱細緻的眼周肌膚上，傷害肌膚。

唇部卸妝

唇部的肌膚可以說是臉上工作量最大，也是平均化妝時間最長的一個部位，如果不好好的卸妝，長期積累在嘴唇縫隙中的口紅會漸漸的阻礙肌膚正常運作、呼吸，讓唇色加深變黑，甚至導致唇部肌膚紋路加深而不再細緻。因為唇部不具有油脂分泌腺，彩妝卸除不乾淨，汙垢不會經由肌膚分泌的油脂自動掉落，久而久之，嘴唇便會出現老態，再也不能保持「鮮豔欲滴」的狀態。

步驟：

1. 將化妝棉用卸妝液完全沾濕，覆蓋在唇上靜置約三秒。
2. 輕輕將唇部的口紅拭去。
3. 換一張新的化妝棉，同樣用卸妝液沾濕。
4. 用力將嘴唇向兩側拉開，彷彿發出「一」的音，以便將嘴唇的皺褶撐開。
5. 將新的蘸有卸妝液的化妝棉再度置於唇上。如果仍有殘留的口紅存於皺褶中，用棉花棒蘸取唇部卸妝液，以與唇部垂直的方向一一將其完全拭淨，再用清水洗淨。

臉部卸妝

臉部卸妝是卸妝工作的最主要部分，將整張臉的彩妝徹底卸除，卸妝才算完成。

步驟：

1. 將卸妝用品適量抹於臉上。
2. 用指腹輕輕按摩臉部，以便讓卸妝用品將彩妝完全溶解。
3. 注意細小的地方，如鼻翼、嘴角、髮際等處，也要徹底按摩。
4. 用面紙將臉上所有化妝品拭去。
5. 如果一次卸不乾淨，同樣步驟再來一次，直到完全清除為止。

第三章　氣質與儀表——搭配出你流動的風景線

讓你的氣質與秀髮一起飄起來

四季護髮準則

春天：春天的天氣使頭髮的水分和油分容易蒸發。當頭髮乾燥時，不僅無光澤，彈性減低，而且由於頭髮與空氣、織物摩擦易產生靜電，使頭髮由於吸附塵埃而變髒，進而影響皮脂分泌，加快角質脫落，致使頭皮發癢、脫屑或引起不同程度的脫髮。這時可採取以下護理方法：①使用護髮霜，護髮霜中含有陽離子活性物，能使頭髮外表活性物分子定向排列，頭髮上電荷減少，電阻降低，形成一層抗靜電的保護脂，使頭髮濕潤、柔軟，增加美感；②使用植物油，先把頭髮洗乾淨，然後用一湯勺植物油均勻的塗抹在頭髮上，用烘熱的頭套套在頭上，約二十分鐘後取下頭套，再徹底洗頭一次，把油漬洗淨；③使用中性洗髮精，對頭髮及頭皮刺激性較小，洗後頭髮光亮，容易梳理，並留有宜人的芳香。切忌用純鹼洗頭，純鹼刺激性較大，會加速頭皮細胞角質化，產生皮屑，使頭皮發癢，頭髮乾燥無光，脆弱易斷。在春季，一般每週洗頭兩次為宜，太多易傷頭髮。

夏季：汗液和皮脂腺皮脂分泌增加，為保持頭髮的清潔，可增加洗頭的次數，一般可兩～三天洗一次。同時，夏季游泳機會多，要加強頭髮的護理，每次游泳後最好用中性洗髮精洗頭，然後用護髮霜，以保持頭髮的光潔和彈性。

秋末冬初：人的頭皮分泌物減少，頭髮變得蓬鬆乾燥或易脫落。因此，這段時間最好暫停燙髮，用柔和的洗髮精洗髮，並配用梳理劑，然後抹一些營養性的髮乳或髮蠟。如果頭皮屑多，可用去頭屑的洗髮精；如果脫髮嚴重，可一天按摩頭皮二～三次，促進血液循環，減少脫髮。

識別髮質，學會護理

生活中，我們要學會識別髮質和掌握護理要訣，只有這樣才能擁有健康漂亮的頭髮。

讓你的氣質與秀髮一起飄起來

首先，我們要做的是知道自己的頭髮是屬什麼髮質的。要分辨頭髮的性質並不難，因為頭髮的油脂分泌量是關鍵所在。

乾性髮質

其特點是頭髮乾枯、容易打結、鬆散，頭皮乾燥，容易有頭皮屑。形成乾性髮質的原因是油脂分泌不足或頭髮角質蛋白缺乏水分，經常漂染頭髮或用過熱溫度燙髮等。護理要訣：

1. 用營養豐富的洗髮精，無須天天洗髮；
2. 每星期做兩次營養護髮；
3. 避免曝晒在陽光下，宜用有防晒成分的護髮產品和補濕產品。

中性髮質

其特點是頭髮柔軟順滑、有光澤、油脂分泌正常，每天脫髮數量約三十根，只有少量頭皮屑。護理要訣：

1. 注意頭皮的保養，洗髮時多進行頭皮按摩，以保證血液循環良好，使養分可輸送到髮尾；
2. 定期修剪，保持秀髮營養充足。

油性髮質

其特點是頭髮油膩，洗髮的第二天，髮根已出現油垢，頭皮如厚鱗片般積聚在髮根，容易頭癢。造成油性髮質的原因是油脂分泌過剩，這大多與荷爾蒙分泌紊亂、壓力大、過度梳理、經常進食高脂食物有關。護理要訣：

1. 注意清潔頭皮；
2. 不要用過熱的水洗髮，以免刺激油脂分泌；

3. 護髮霜只宜塗在髮絲上，不要抹在頭皮上；
4. 不要經常用髮刷梳頭，宜以木質梳子代替髮刷，並只梳理髮絲。

混合性髮質

其特點是頭皮油，但頭髮乾。多數是因為油性頭皮的人電燙髮或染髮過度，又護理不當，以至於造成髮絲乾燥但頭皮仍油膩。護理要訣：

1. 集中修護髮絲，避免頭髮開叉或折斷；
2. 停止電燙髮、染髮，修剪乾枯髮絲，讓頭髮得到養護；
3. 選用保濕型護髮霜，注意頭部按摩；
4. 改善個人飲食，少食油膩食品，增加黑色食品的攝取量。

保養秀髮的八大誤解

「像呵護肌膚般關愛秀髮」已經成為現代都市人尤其是女性的美麗策略，而近些年流行的離子直髮、燙髮、染髮等等美髮行為又無時無刻不在傷害著我們的秀髮，於是人們形成了越來越多的護髮、美髮理念。

但是，這些理念是否都正確呢?事實證明，不少人的護髮、美髮理念都存在一定的誤解，下面我們幫大家做出正確解答。

誤解一：每天洗頭會傷害髮質

其實頭髮和皮膚一樣也需要天天清洗，尤其是在夏季，由於人體的新陳代謝旺盛，分泌很多的汗水和分泌物，頭皮和頭髮的清潔尤其重要。天天洗頭是一種健康的護髮觀念，只要選擇優質的洗髮水，天天洗頭不僅不會傷害頭髮，適當的按摩和刺激還能夠促進頭皮的血液循環，使頭髮更強韌、不易斷裂。優質的洗髮、護髮品中的化學成分大多酸鹼度適中，能在頭皮上形成保護膜，可達到保護作用。

誤解二：泡沫越多的洗髮精清潔力越強

很多人認為洗髮精用的時候泡沫越多頭髮就會洗得越乾淨，其實泡沫太多只能說明洗髮精中幫助發泡的物質較多，不能作為清潔力強的證明，過多的泡沫只會使頭髮乾澀。

誤解三：用風罩吹風機吹乾會傷害頭髮，洗頭後要用力擦乾頭髮

很多人都認為洗澡過後用吹風罩吹會損傷頭髮，而髮型師認為每次洗完頭後必須用風罩吹乾頭髮，但要注意吹的方法、角度和程度。吹頭髮會傷髮其實是一個誤解，每次洗完頭後不吹頭，濕的髮根更容易黏上灰塵等物質，如果用毛巾代替吹髮更容易傷髮，因為頭髮濕的時候最脆弱，不能用力搓乾，也不能用毛巾拼命抖動頭髮，否則頭髮會斷裂或打結。正確的做法是用吸水性較強的毛巾包裹頭髮以吸收頭髮水分，當頭髮不再滴水時，可以將吹風機舉過頭垂直吹乾頭髮，只要讓風罩不斷移動，並注意與頭髮的距離保持在十公分以上，風罩是不會傷害頭髮的，頭髮吹至七至八成乾即可。

誤解四：趁濕上髮捲

有的人喜歡蓬鬆的捲髮，所以愛在頭髮濕淋淋的時候用髮捲將頭髮捲上，好讓波浪保持得久一些。其實剛洗完的頭髮毛鱗片都處於開放狀態，很容易受傷，不如等頭髮乾到七八成時再捲。捲好後的頭髮可以用護髮霜按摩揉捏，或者用吹風機熱風檔壓在捲髮器上吹一會，接著輕輕梳好，稍用點定型噴霧定型。

誤解五：夏季不對頭髮做特別護理

炎夏快到了，但不少人卻忽略了秀髮的防晒需要。經科學證實，紫外線能破壞頭髮的角質蛋白，讓髮質異常脆弱，失去光澤。頭髮受到陽光損害的程度約為皮膚的三倍，在紫外線的強烈照射下，頭髮往往容易失去水分和養分，表皮會受到不同程度的傷害。與皮膚不同的是，皮膚一般可以在二十八天內重新產生新的細胞，而頭髮一旦受到傷害，必須經歷更長的時間才能復原。

頭髮在夏天經常還會出現乾燥的問題，比如在空調環境下，不流通的空氣影響頭髮油脂的正常分泌，加速秀髮的水分流失，致使頭髮因缺乏水分變得乾燥、分叉。另外，游泳雖然是非常好的消暑運動，但在海水或游泳池中，頭髮上積聚的鹽分或氯化消毒水會使髮質粗糙乾澀，梳理時特別容易造成損傷。由此可見，頭髮的保濕問題是夏季護髮的重要環節之一。

健康的頭髮含有百分之十~百分之十三的水分，如果水分的含量低於百分之十，頭髮就會變得乾燥粗糙。平時要注意各種防晒措施，如出外時要戴帽子或撐傘；在選擇護髮產品時選擇有防晒、保濕功能的產品。

誤解六：頭髮乾就多用一些護髮品

事實上過量的護髮品只會阻塞毛孔，給頭髮造成負擔。正確的做法是適當選擇護髮品，如每次洗完頭後的護髮霜是不可缺少的，而其他的護髮品要抹最好也只抹在頭髮表面，不要弄得頭髮和頭皮都油膩膩的。

誤解七：每天梳頭超過五十次

梳理頭髮確實有疏通經絡之功效，還能清理附在頭髮上的髒物，促進頭皮的血液循環。但梳理過多也會傷害頭髮，過度用力的梳頭會使髮絲變脆弱，還會造成髮絲分叉和出現頭皮屑。醫生建議每天梳頭三十次左右就夠了。一般來說，不要使用塑料或金屬梳子，天然材料或者橡膠樹脂製的刷子或寬齒的梳子是理想的用具。

誤解八：護髮霜在頭上停留的時間越長越好

有人認為，洗完髮讓護髮霜在頭上停留的時間越長越好。實際上，護髮霜在頭上停留的時間不能太長，否則會對頭髮有損害，所以在使用護髮霜之前要先看說明，一定要遵照產品的使用說明來做。

為自己選擇髮型

生活中，梳理出各種適合自己的優美髮型，可以說是一門學問。所以應綜合考慮自己的髮質、臉型、體型，還有季節等等因素，演繹出你自己的髮型式樣。

髮型與髮質

每個人的髮質各不相同，不同的髮質適合梳理不同的髮型。

1. 柔軟的頭髮：這種髮質比較容易打理，不論想做哪一種髮型，都非常方便。由於柔軟的頭髮比較服貼，因此梳俏麗的短髮，能充分表現出個性美。
2. 自然的捲髮：自然捲曲的頭髮具有天然的美感，只要能充分利用，就能做出各種漂亮的髮型。這種髮質如果將頭髮剪短，捲曲度就不明顯，而留長髮才能顯示出其自然的捲曲美。
3. 服貼的頭髮：這種髮質的特點是頭髮不多不少，非常服貼，只要能巧妙修剪，就能使髮根的線條以極美的形態表現出來。這種髮質的人，最好將頭髮剪短，前面和側髮，可以按自己的喜好梳理，而後面則一定要用能顯示出髮根線條美的設計，這樣才會有理想的髮型。修剪時，最好能將髮根稍微打薄一點，使頭部若隱若現，這樣能給人以清新明媚之感。
4. 細少的頭髮：這種髮質的人應該留長髮，將其梳成髮髻才是最理想的，因為這樣不但梳起來容易，同時也能比較持久。通常這種髮質缺乏質感，梳髮髻時可以輔之以假髮。如果髮髻梳在頭頂上，適合正式場合；梳在腦後，是家居式；而梳在後頸上時，則顯得高貴典雅；或用倒梳的方法整理出一個具有蓬鬆感的髮型來。當然，故意營造的凌亂感也非常適合這種頭髮。

5. 直硬的頭髮：這種髮質要想做出各種各樣的髮型是不容易的。在做髮型以前，最好能用油性燙髮劑將頭髮稍微燙一下，使頭髮能略帶波浪，稍顯蓬鬆。在捲髮時最好能用大號髮捲，看起來比較自然。由於這種頭髮很容易修剪得整齊，所以設計髮型時最好以修剪技巧為主，同時盡量避免複雜的花樣，比較簡單而且高雅大方的髮型適合這種髮質。

髮型與臉型

髮型與臉型的搭配是塑造髮型的重要依據，合適的搭配會使得臉型與髮型相得益彰。常常看到美髮師憑藉梳理得當的髮型，使某些人的臉型更加好看，而整個人也煥然一新。下面介紹幾種臉型選擇髮型的原則：

1. 鵝蛋臉：標準的臉型，梳長、短髮均適宜。
2. 圓臉：將頭頂部的頭髮梳高，使臉部顯長，避免遮住額頭；或將前髮剪成「瀏海」，使臉蛋顯得豐滿；還可以採用髮線側分法。
3. 四方臉：宜選擇弧式髮型。將頭髮重頭頂正中分開，波浪似的頭髮披於肩，太陽穴旁邊的頭髮自然下垂，將頷旁兩邊突出的起角部分遮住，從而給人以風雅、秀麗的感覺；或者梳低髮髻，給人一種優雅感。
4. 長條臉：宜選擇橫線條的髮型，把頭髮剪得有層次感，將側髮稍留厚一點，或者剪成「劉海」，使臉蛋顯得豐滿。
5. 三角臉：可以增加頭側部的髮量，以髮梢微遮臉頰，使髮線自中心向外側斜伸。

6. 倒三角臉：如果將頭髮往上梳，會顯得頭部稍長，同時增加兩側髮量，盡量梳得蓬鬆，而且髮線宜採用直線中分。
7. 菱形臉：可以用蓬鬆的大波浪來增加側面的量感，然後用頭髮遮住顴骨，使臉部的線條顯得柔和些，而髮線宜側分。
8. 大臉型：使頭髮自然服貼，以遮住臉頰減少臉的寬度。或把頭髮剪短，全部向後梳，不要分線。
9. 前額窄臉型：以額前向上背梳的髮型最為理想。這樣可以讓額部充分顯示出來。再將靠近臉頰的頭髮打去少許，然後燙捲，梳至耳後，但髮梢不宜超過肩頭。這樣就不會為額窄而苦惱了。
10. 平扁臉型：以選擇波浪式髮型為最佳。頭髮長度可超過肩頭，將下半部燙成波浪並任其自然下披，造成流動的感覺，給人以動態的美感。
11. 團團圓臉型：可以梳理一種輕盈順勢的短髮，讓前髮稍留低些，使人的視線集中一點，兩側的頭髮以看得見耳垂為宜，給人一種健康、活潑的印象。

髮型與體型

人的身材高矮、胖瘦等外在條件也是決定髮型的一項因素。

1. 身材較為瘦長者，留長髮容易使肩部兩側略顯空虛，人也更顯瘦長，所以不宜留長髮，而且頭髮不宜剪得太薄。
2. 身材矮小者，留長髮也會使身體顯得更矮，最好不要使髮型散開。
3. 身體較胖者，頭髮應採用直紋路進行梳理，如果梳成規則的平波浪，身體就會更顯發胖。

髮型與季節

由於季節在變化，人們穿衣服的厚薄會有所不同。由於衣領的高低不同，頸部露出多少也不同，所以頭髮的長短也要與之相適應。

1. 夏天要求涼爽、舒適，以梳短髮為佳，如果留長髮也以梳辮、盤髻為宜，但不宜過長、過厚、過於蓬鬆，否則會很不協調。
2. 冬天衣服穿得厚、衣領高，頸部基本被衣服、圍巾裹住，可讓長髮垂於腦後，而且頭髮不應過短過薄。
3. 春秋季節，髮型可以自由選擇。

精心護髮，遠離「雪花」

很多女性朋友都曾遭遇過頭皮屑帶來的尷尬處境，也想盡了各種各樣的方法來解決這個問題，但是效果似乎並不那麼明顯。確實，本來一頭烏黑亮澤的秀髮卻沾滿了點點「雪花」，這不能不說是一件大煞風景的事情，它不僅會讓你原本完美的形象大打折扣，還會讓你原本開朗的心情一下子低落起來。那麼有沒有什麼好的辦法能讓你輕輕鬆鬆擺脫頭皮屑的困擾呢？答案是肯定的，只要你按照下面介紹的方法精心呵護你的秀髮，跟頭皮屑說「拜拜」就不再是一件很難的事情了。

1. 良好的生活習慣。保證睡眠充足，保持心情愉快，多參加體育運動，工作、休息有張有弛，讓壓力減到最低。
2. 調整飲食。平時應多食用含鹼性物質的食物，如牛奶、蔬菜、水果、海藻類等，避免過多的酸性及刺激性食物。
3. 增加洗頭的次數。不要等到頭髮髒得受不了才去洗頭。增加洗頭的頻率，既可清潔灰塵，也可清除過多油脂，以免頭皮屑滋生。

4. 選用專業的去頭屑洗髮露。吡啶硫酸鋅（ZP）是一種有效而又安全的去頭皮屑藥物，它不但可以消除糠秕孢子菌，還可以減少油脂酸的形成，最終抑制或預防頭皮屑的產生。

只需花多一點心思，就可輕鬆告別「雪花族」，再展自信，重拾浪漫。你看，點滴改善無限，生活中的事有時就這麼簡單。

一頭烏黑亮澤的秀髮讓你的氣質油然而生，生活中的細節問題為你擁有烏黑亮麗的秀髮提供了堅實的基礎，希望每一位愛美的女性都能給以足夠的重視。

充足的睡眠

充足的睡眠可以促進皮膚及附屬毛髮正常新陳代謝，而代謝期主要在晚上，特別是晚上十點到凌晨兩點之間，這一段時間睡眠充足，就可以使得毛髮正常新陳代謝。反之，毛髮的代謝及營養失去平衡就會造成脫髮。

建議：盡量做到每天睡眠不少於六個小時，中午可適當休息十～三十分鐘，養成定時睡眠的習慣。

避免過多的損害

染髮、燙髮和過度吹風等對頭髮都會造成一定的損害。吹風機吹出的熱風達一百度，會破壞毛髮組織，損傷頭皮；染髮液、燙髮液對頭髮的影響也較大，次數多了會使頭髮失去光澤和彈性，甚至變黃變枯；日光中的紫外線也會對頭髮造成損害，使頭髮乾枯變黃；空調的暖濕風和冷風都是造成脫髮和白髮的原因，空氣過於乾燥或濕度過大對保護頭髮都不利。

建議：兩次染髮、燙髮的間隔時間至少要有三～六個月。夏季要避免日光的曝晒，游泳、日光浴後更要注意頭髮防護。

注意飲食營養

飲食不當會給你的秀髮帶來很大的傷害。

建議：常吃富含蛋白質及微量元素豐富的食品。同時，多吃青菜、水果，少吃油膩及含糖高的食品。

洗頭及梳頭

夏季可以每週洗頭三至七次，冬季可以每週洗頭一至三次，洗頭時水溫不要超過四十度，與體溫三十七度接近即可。不要用脫脂性強或鹼性洗髮精，因為這類洗髮精的脫脂性和脫水性均容易使頭髮乾燥、頭皮壞死。

建議：選用對頭皮和頭髮無刺激性的無酸性天然洗髮精，或根據自己的髮質選用。不要用尼龍梳子，最理想的梳子是黃楊木梳和豬鬃頭刷，既能去除頭屑，增加頭髮光澤，又能按摩頭皮，促進血液循環。

保持心理健康

每天焦慮不安會導致脫髮，壓抑的程度越深，脫髮的速度也越快。

建議：大多數女性的生活都很忙碌，如果能保持適當的運動量，頭髮會光彩烏黑，充滿生命力。

內衣，女人的第二肌膚

今天，時尚的都市女性不再只看重社會地位和成就感，反而追求自然平和的心境和生活方式，藉著內衣柔軟舒展的觸感，給自己增添一份安定的感覺。

常規看來，內衣似乎只是一種不外露的適用性選擇，舒適與健康是其首要的因素；然而到如今，內衣外穿不僅成為一種新的時尚，而且它所展現出來的儀態美更蘊涵著無窮的情調魅力。

錯誤的穿戴內衣，就像沒有穿戴一樣，鬆鬆垮垮的內衣無助於你的體型。與此相反的是為了自己有清晰的曲線而穿戴緊束的內衣。但過於緊束的內衣會在身體上勒出印痕，實際上是把胸部或臀部分割成難看的兩部分，在胸部和臀部造成贅肉。一段時間後，因緊束而切割在內衣外的肌肉會向下慢慢沉降。

穿款式不對的內衣

如果你重視內衣的不同款式，但忽視了其實際的不同功用，那麼這種美麗的東西就會慢慢蠶食你漂亮的身材。我們彼此的身材是不相同的，有經驗的設計師會針對這種千差萬別的身材設計出功用不同的胸罩，如全包式的、斜包式的、半包式的，或者有托襯的、無托襯的等等，有的托襯會用到鋼絲，並分出不同的長短寬窄來。如果我們只看見內衣的顏色，或只為它的花邊所吸引，那麼就有可能選錯款式。內褲的款式同樣是很多的，也因其功用的需要，光形狀就有三角形、四角形和五角形等。褲腰也有高低的分別。

穿質地不良的內衣

內衣在本質上要有包容的特性，這樣才能有效的給乳房和臀部以托力。有時，內衣具備不具備這種特性，會關係到組成內衣的材料及材料的結構方式。用針織的方式來組織材料，不管用的材料是真絲的、全棉的、化學纖維的、混紡的，都會使它們產生很強的伸縮力，即我們習慣上稱呼的彈性；而雙層結構的針織布料其彈性又強於單層的。因此，內衣櫃台上出售的內衣有百分之七十～百分之八十八十會採用針織布料，其他的則是花邊狀、網狀等種種組織結構方式，明顯缺少彈性，沒有包容力。就針織布料來講，針織的全棉布料最富彈性，而且具有耐久力。

穿失去生命力的內衣

內衣在穿、洗、晾、收的過程中或快或慢會失去原來的功用。內衣的彈性或許是慢慢失去的，而底托鋼絲的扭曲有可能是洗滌不當引起的，清水漂洗後如用雙手正反旋轉來絞乾的話，一件好胸罩會壞在頃刻之間。失去功用的內衣不管當時多麼好，這時都是沒有生命力的，有的甚至會起反作用。這時，它已無益於幫助你修正體型，甚至會傷害你。胸罩的生命在於它的底邊。底邊一旦鬆弛，就應該放棄了，底托不平會慢慢造成兩個乳房不對稱的後果。沒有生命力的內褲會明顯的失去彈性，寬鬆的底邊對臀肌失去承托作用，而使其自然下垂。所以，內衣要及時的破舊立新。

好身材也要靠衣服墊襯

一個女人漂不漂亮，跟身材的胖、瘦、高、矮並沒有直接、太大的關係，整體比例是否匀稱才是美麗的關鍵。其實，會穿衣服也能穿出好身材。根據一項非正式的調查顯示，有百分之十的女性覺得自己太瘦；百分之二十認為自己的身材適中；百分之七十的女性覺得自己胖。如果身材各部分的比例不是很匀稱，以下的穿衣技巧可以讓你穿出好身材。

穿出「小蠻腰」

視腰部為「要害」的女人，請避免穿著腰部附近有複雜設計的衣服，如腰部有滾邊、繡花、口袋等等，若要繫寬腰帶，就應該繫在低腰接近臀部的位置上，而不是腰上。

剪裁「略有腰身」的服裝，如公主線剪裁、有腰折的服裝等，能讓腰部曲線現形。此外，「直筒洋裝」因為讓人看不出實際的腰圍大小，也就無所謂有沒有「小蠻腰」了。

肩膀若不寬，可以利用墊肩和穿著寬且淺的領型來增加肩膀寬度；臀部不大的人，更可穿著蓬裙，兩者皆會讓腰身相對變小，展現窈窕身段。

穿出豐滿的胸部

選對胸衣與抬頭挺胸是幫助你「以小換大」的基本功。此外還可以：

1. 穿公主線剪裁服飾。有胸折與腰折的公主線剪裁，會讓身材看來玲瓏有致；反之，寬寬鬆鬆的服飾只會將瘦的人「扁平化」。
2. 穿有蓬鬆感的上衣。此類有荷葉領、胸前打碎褶的設計等等，另外在腰間繫一條皮帶，讓上身蓬鬆起來，都能增加動人曲線；避免單穿緊身或貼身的服飾，可以在外面多加一件衣服，以增加「分量」。
3. 採用墊肩。墊肩可以讓胸部線條看起來更有型。

透過穿衣讓小腹隱形

小腹是否突出和胸部的比例關係很大，胸前「偉大」的女人不管小腹再怎麼圓都不太會顯大，而胸部「太平」的女人只要小腹有一點點突出，就看得很清楚了。因此，要在視覺上「縮小小腹」的第一步就是抬頭挺胸。其他「小腹隱形」的法則還有：

1. 穿不會皺的布料。小腹的地方，布料特別容易皺，而身上特別皺的地方也就是特別惹人側目的地方，如果穿著會皺的布料，坐下的時候，腹部處要特別小心才行。
2. 腹部視覺模糊化。印染圖案比素色更能掩飾腹部，而在腹部兩旁打一點細褶的款式也很有幫助。
3. 前面不要有圓弧形口袋，圓弧形口袋會產生「圓上加圓會更圓」的效果。

4. 避免柔軟貼身的針織布或斜裁布，這些布料會讓你「原形畢露」。
5. 戴美麗的首飾，以達到「轉移焦點」的效果。

透過穿衣使手臂變細

穿短袖衣服時，不要讓袖子的長度結束在手臂最粗的地方。除非手臂真的非常「粗壯」，否則建議你可以試試無袖或削肩的衣服。當整個手臂線條被拉長時，往往手臂也就不如想像中的粗了。其次，袖子的衣料不要太薄、太緊或太有彈性，將手臂包裹緊緊的，會顯得肉感十足。穿衣只是暫時之計，長遠來講我們還是應該透過運動達到手臂長久的「瘦」。

透過穿衣使腿變細

布料厚薄要適中，避免布料過厚，或穿貼身有彈性的布料。不管是長褲或裙子，都不要太緊繃，要有一點鬆，在腿側能抓出二點五公分的寬度是最好的；長褲或裙子的下擺不可結束在腿最粗的地方。此外，穿五公分或更高的高跟鞋，可以讓雙腿看起來細許多，但過細的鞋跟則要避免。

透過穿衣使臀部變小

若身材比例特性允許，可以使用墊肩來加寬肩膀寬度以平衡臀部的寬度。其他可加大肩膀寬度視覺的方法還有：寬且淺的領型（如船形領）、肩章的設計、泡泡袖等等。

另外，上衣長度千萬不要正好結束在臀部最大的地方，也要避免設計視覺重點在臀部附近的衣物，如臀部的貼補式口袋、滾邊、印染或刺繡圖案等，因為線條與設計皆有吸引視覺的效果。

最後，請再加上「轉移焦點、強調重點」的技巧：利用美麗的項鍊、耳環、絲巾或領型的設計將產生視覺「乾坤大挪移」，使視線轉至臉部；還有一定要穿戴屬於自己「皮膚色彩屬性」的顏色，因為不適合的色彩只會讓你臉上全無光彩，進而讓人把注意焦點向下延伸到你的體型，所以穿對色彩，更是臀部大的人應遵循的座右銘。

透過穿衣使身材變瘦

1. 不要忽略內衣褲。請將內衣褲視為整體造型的一部分，穿著和服飾合襯的內衣，在性感中保持端莊才是上上之策。
2. 不大不小剛剛好。尺寸太大的衣服雖然能遮住不理想的曲線，卻會讓「噸位」在視覺上被「放大」；尺寸太小的衣服難免緊繃，這會讓你顯胖，因此「不大不小剛剛好」的合身度非常重要。
3. 整體線條要乾淨清爽。請務必保持整體線條的乾淨清爽，例如：拿掉破壞整體線條的墊肩，或者在布料較透明的衣服裡加一件絲質襯衫、襯裙，便能巧妙遮蓋肉感的腰、腹、臀、腿，美化你的整體線條。

穿對色彩，提升自己的氣質

西方的一位畫家說過這樣一句話：世界是美麗的，美麗緣於色彩。

提起色彩，對於每個人來說都是不陌生的。當你剛剛來到這個世界時，迎接你的就是那五彩繽紛的色彩，它帶著溫暖、帶著愛，悄悄走進你的生活。從此你的人生是那樣的多彩而美麗！

然而，生活中你把多少色彩給了自己呢？成千上萬種的顏色，真的就沒有適合你自己的嗎？

許多人都會說：我臉色不好，不能用亮的顏色；我的身材不好，只能穿黑色，要不然顯胖；年齡大了，還美啥……哎，算了吧！

拿自己的缺點去與別人的優點比較，自己永遠是自卑的！為自己的不美，我們總是找各種各樣的原因、藉口！

魚乾女變身手札

不要覺得多喝汽水就會有氣質

我們無法想像，失去色彩的世界將是如何蒼白；我們同樣無法想像，失去色彩的女人將是如何黯淡。事實上，這個世界從來不缺乏色彩，缺乏的只是對色彩的認識和運用，人們總是根據自己的喜好來判斷「我穿這種顏色的衣服挺好看」，或者很盲目的看見別人穿什麼顏色好看自己就買什麼顏色的服裝，或者根據當季的流行來選擇顏色，這往往使很多人走入了一個色彩的誤解，錯過了能使她們更漂亮的顏色。或者說有一些朋友經過自己若干年的嘗試，找到了自己的色彩，但是，同樣也浪費了很多時間、金錢和精力。

美麗難道就真的這麼難嗎？當然不是！只要找到適合自己的色彩，美就變成了既輕鬆又簡單的事了。透過顏色的改變，會使你的臉色變得健康、有光澤、有活力，透過款式的改變，會讓人忽略你身材上的缺憾！誰說年齡大，就不能穿著亮麗的色彩？

女性是柔美的，也是雅致的。色彩，不僅會把你裝扮得年輕、靚麗，還會帶給你一個好心情。也許，你還有這樣的經歷：一大早來到辦公室，同事們都說你今天氣色比昨天好，也比昨天漂亮了，當大家都在研究你是不是換了什麼新的護膚品的時候，你發現原來是因為自己換了一件不曾穿過的顏色的衣服，於是心情變得格外開朗，同事們也都因為你的美麗而愉悅起來，這就是顏色的魔力，它能夠輕鬆的改變你和你周圍的人。

如果你想成為一個擁有十二分自信的女人，那麼就尋找屬自己的顏色吧！運用不同的顏色語言，你可以把你所表達的情緒清楚的輸入到對方的意識之中，讓他不知不覺的跟著你的思想走：當你想在會議中把那個老是欺負你的同事壓垮，你可以穿著俐落的黑色套裝，甚至再加一條色彩飽和的領帶，就足以讓人敬畏三分；當你想吸引 PUB 裡所有男士的目光，你可以穿著火一般的紅色，挑逗他們最深層的原始欲望。因此，你該了解不同顏色在不同場合的使用，它能讓你的出現更有分量！

或許你分不清楚場合與顏色搭配的關係，這裡給你一些簡單的定律作參考：

如果你希望自己有親和力，你應該讓人們感覺到你溫暖而包容、親切又讓人安心。淺中帶黃的色系最能表達這種溫柔舒適的感覺，應該多在家裡的牆面上使用這些顏色。

如果你希望展現自己的活力，那麼在所有顏色中，各式各樣飽和的淺色最能夠立刻跳進你的視線裡，能讓你的心情不知不覺中，也變得活潑與充滿希望。因為活力是充滿動感與行動力的，它必須給人「跑得快」的感覺，所以，這類顏色常用在運動比賽及運動員的服裝上。

如果你希望表現出自己的專業特色，那麼莫過於選擇深色系了，它們給人沉穩、內斂又富智慧的感覺。我們可以看到職場精英們，都以穿著深色為時尚。

當你希望吸引異性的目光時，讓我們回歸到所有動物們最原始的渴望：性。在人類的文化中，最能傳達性吸引力的，當然就是紅色；而一系列飽和度高的正色，都能傳達高貴以及神祕等類似的效果，就好像我們會認為水晶紫、寶石藍具有魔法般的能量一樣。

不過，真正要想穿對屬你的色彩，僅僅掌握這些簡單的規律是不夠的，最適合你的顏色應是與你的身體自然特色相和諧的。四季色彩理論認為：人的皮膚、頭髮、眼睛等會因色素比例組合的不同而呈現不同的皮膚基調，有些人呈偏暖的黃色調，可分為春、秋兩個季型，有些人則呈偏冷的藍色調，可分為冬、夏兩個季型。而萬千色彩，也可以按其基調分成春、夏、秋、冬四個顏色群。如此，只要把握你的色彩「季型」，你就可以擺脫那無休止的追逐遊戲，進入美的自由空間，在你的色彩範圍內，充分展現非你莫屬的美麗。

春天型

春天型的女人一般有著白皙的皮膚，但不論膚色深淺都呈暖象牙色調，臉頰有珊瑚粉色的紅暈，頭髮偏黃，眼睛明亮，感覺年輕活潑。

春天型的女人是清亮活潑的精靈，水蜜桃粉的臉蛋和開朗的笑容能夠立刻化解人們內心的冰冷。

因此，你的服裝應該展現出你和煦如陽光般的特質：像杏桃粉紅、蘋果綠、天空藍、象牙白等，帶黃的各種淺色最能表現你一等一的親和力！在職業裝上，你應以卡其色、淺咖啡色等服裝為主，千萬不要使用黑色和灰色，那會把輕如羽毛的你硬生生的從天空中拉下來！配件上多使用淺金色，可以呼應你如娃娃般的膚質；化妝方面，一定要使用腮紅，會讓你的臉如蘋果一般粉嫩可愛。

夏天型

夏天型的女人膚色多有發青的感覺，臉上的紅暈呈玫瑰粉，髮色是柔和的黑色、褐色，目光柔和，感覺如雲海藍天般溫柔雅致。

你知道嗎？你的一個笑容就能影響世界！你淡雅、溫柔的氣質讓你輕易的成為浪漫女神的化身。你的愛像夏天的陽光一般熾熱，但有時又像地中海的純白仙境一般，恬靜優雅、超凡脫俗；而你的神祕像是雷雨後所散發的蒸汽，讓周圍的人都不禁為之舒暢。在職場上，你適合卡其色以及淺灰色，可以同時表現出你的專業和輕巧；不要使用過多黑色，那會讓你看起來太過僵硬嚴肅。配件可以多用銀色或是有雙面處理的金屬，能帶出你的柔和感；化妝方面要多強調你的細緻皮膚，務必讓你的肌膚猶如美人魚的氣泡一般晶瑩透亮。

秋天型

秋天型的女人皮膚光滑平整，亦呈象牙色，一般沒有腮紅。髮色呈較濃重的黃色調，目光沉穩，給人以成熟華麗的濃醇感覺。

秋是大地之母的季節，富饒而充滿力量。你的光芒如絢爛的黃昏，世界上最忙碌的人也不禁為你駐留。多數的時候，你懂得大自然的美妙、能包容著一切的可能性；但你的內心仍擁有如非洲草原般狂放的野性，像吉普賽人一樣，讓人為你的神祕與豐富的內涵炫目不已。各式各樣的大地色系是你的專屬權利，沒有人能比你詮釋得更好。職場上，使用暗色系能強調你的沉穩與包容力；使用枯葉綠或鮭魚紅能強調你的創意；配飾上多使用金色與古銅色，那能讓你的肌膚更添光彩。化妝時要強調你豐潤的紅唇，讓人不禁想一親芳澤。

冬天型

冬天型的女人膚色也呈發青的冷色調，少部分人會有玫瑰粉的紅暈。頭髮濃黑，目光銳利，是真正具有「酷」感的女性。

冬天是冷冽的冰，是光輝的雪。你的高貴與神祕讓你成為眾人矚目的焦點和時尚生活中的女王。你的速度感和冰冷的氣質，是你適合城市生活的主因；但有時，你如教堂的鐘聲一般空靈神聖的美貌，會讓人不知不覺想跟著你的腳步，成為更好的人。你適合一切寒冷的顏色，大膽的你要勇於嘗試對比色的搭配，像是藍配黃、紫配橘等等，為你的出現營造華麗的氣勢。黑色是你職場中的不二選擇，能讓你的鋒芒盡現。飾品要用銀色才能呼應你的膚色。化妝時眼睛的神韻要加強，要練習使用假睫毛和眼線筆，因為你用眼神就能盡惑人心！

色彩可以為你的氣質定調，無論你是春季型、夏季型、秋季型或者冬季型，你都可以穿每一種顏色的服裝，關鍵不是你能不能穿某一個顏色，而是要看這個顏色的「色調」、「彩度」和「明度」適不適合你的膚色。比如紅色，春季型的人就適合穿橘紅、杏桃紅，夏季型的人適合穿粉紅、豆沙紅，秋季型的人適合磚紅、咖啡紅，冬季型的人適合正紅、桃紅與鮮豔的粉紅。

選購服裝十大要點

許多女性總是對自己的穿著不甚滿意。家裡的時裝雜誌一大堆，除了感歎模特的魔鬼身材外，就是對時裝不菲的價格唏噓不已。其實，要想穿出自己的風格，除了對時尚有敏銳的觸角外，最重要的還在於要會選購衣服。

買得好，才穿得靚。下面就給還在為穿衣而煩惱的女性惡補十課。

逐步建立自己的著裝風格，客觀對待流行

能夠給今天的我們留下深刻印象的穿衣高手，不論是設計師還是名人，其原因只有一個——他們創造了自己的風格。你喜歡索菲亞．羅蘭身著絲質套裙的性感，賈桂琳在太陽眼鏡後的典雅，還是赫本在黑色連身裙中的優雅？一個人不能妄談擁有自己的一套美學，但應該有自己的審美傾向。而要做到這一點，就不能被千變萬化的潮流所左右，而應該在自己所欣賞的審美基調中，加入當時的時尚元素，融合成個人品味。比如：如果你只喜歡裙子的淑女感，也不必排斥寬腿長褲、九分褲等同樣能傳遞出優雅感覺的褲裝。融合了個人的氣質、涵養、風格的穿著會展現出個性，而個性是最高境界的穿衣之道。

衣服要與你的年齡、身分、地位一起成長

西方學者雅波特教授認為，在人與人的互動行為中，別人對你的觀感只有百分之七是注意你的談話內容，有百分之三十八三十八是觀察你的表達方式和溝通技巧（如態度、語氣、形體語言等），但卻有百分之五十三是判斷你的外表是否和你的表現相稱，也就是你看起來像不像你所表現出來的那個樣子。因此，踏入職場之後，那些慵懶隨意的學生形象或者嬌嬌女般的夢幻風格都要主動迴避。隨著年齡的增加、職位的改變，你的穿著打扮應該與之相稱。記住，衣著是你的第一張名片。

基本服飾是你的鎮山之寶

服飾的流行是沒有盡頭的，無數的服裝設計師在日復一日的製造著時尚，新的流行沒有窮盡。但一些基本的服飾是沒有流行不流行之說的，比如及膝裙、粗花呢寬腿長褲、白襯衫……這些都是

「衣壇長青樹」，歷久彌新，哪怕十年也不會過時。這些衣物可以成為你衣櫥的鎮山之寶，不僅穿起來好看，穿著時間也長，絕對值得。擁有了一批這樣的基本服飾，每年、每季只要根據時尚風向，適當選購一些流行服飾來搭配就行了。

買和自己的身材、膚色、氣質能夠「速配」的衣服

專賣店精美的櫥窗和優雅的店面都是經過專業人士精心設計的，其目的就是為了營造出一種特別的氣氛，突出服裝的動人之處。但是，那些穿在模特身上或者陳列在貨架上的漂亮衣服不一定適合你，不要在精緻的燈光和專櫃小姐的遊說造成的假像中迷失了自己。為了避免被一時的購物氣氛迷惑，徹底了解自己是非常重要的基礎課程，讀懂自己的身材、氣質、膚色，才不會買回錯誤的衣服。切記，沒有哪個女人對自己的形象是完全滿意的，你也是這樣，但不要被這種遺憾困住，了解自己的優點和缺點，絕對有助於你穿出獨特的美麗。衣服是附著於人的！

資金受到限制時務求少而精

把眼光放得高些，學會挑剔，從款式、材質、顏色到剪裁、工藝……道道門檻都要過，不要因為對某一個元素的偏愛就忽視了其他方面。比如：一件因為是你很喜歡的藍色而買回來的襯衫可能並無用武之地。要完全確定自己很喜歡這件衣服、自己穿起來也很好看，才掏出錢包。如果你在買的時候就是猶豫不決的，那麼幾乎可以肯定，買回來後的這件衣服你肯定也很少光顧它。當斷則斷吧，哪怕只擁有幾件出色的衣服也比滿櫃子都是穿不出去的衣服強。相信衣海茫茫，以後一定會遇到讓你無可挑剔的衣服。

別太相信感覺，試穿才能讓衣服和你天長地久

很多人都有這樣的購衣體驗，看到一件讓人心動的衣服便迫不及待的買下，生怕被別人捷足先

登。結果是，瘋狂的占有欲往往讓人吃虧，由於沒有試穿，儘管款式、顏色、布料和剪裁都非常理想，但就是有些地方的尺碼不合適，看上去好像穿錯了別人的衣服。買了這種不合身、不舒適的衣服，只好將其打入冷宮，真讓人心疼。所以結帳之前，一定要親自試穿。

仔細計算每件衣服的「投資回報率」

一件衣服的穿著頻率越高、時間越久、和其他衣服的搭配度越高，它的「投資回報率」也就越高。例如：一套一千兩百元的時髦裙子，如果第一季就不再流行而放棄不穿的話，就算每週穿一次，一季共穿了十二次（1次×4週×3個月），穿一次的成本是一百。而一件四千元的精緻裙裝可以穿三年，每年穿一季、每季每週穿一次的話，一共可以穿三十六次（1次×4週×3個月×3年），穿一次的成本約一百一十元。差不多的穿著成本、相差甚大的穿著品質和時間，你說，哪一件衣服才真正划算呢？

透視折扣陷阱，理智對待名牌打折

每到換季時，鋪天蓋的的都是打折資訊，其中也有不少平時「架子」蠻大的名牌。不過，名牌打折當然和普通牌子不同，它們一般都會選擇一家高級百貨商店甚至是酒店來進行，有的還會派發請柬。對很多人來說，這是很有誘惑力的一招，三折～六折的價格確實讓人心動。不過，這時你千萬不要以為掉下來個天大的便宜讓你撿，內行人都知道，出現在特賣場上的名牌貨一般都是至少三年以上的產品，無論是布料、款式、色彩都與時尚有了一定距離，雖然牌子和工藝沒有問題，但關鍵的幾個指標已經落伍了，同時尺碼不全（零碼）也是經常出現的問題。所以，應該理智的對待名牌打折，不要因為價格的降低而降低你對衣服的要求。記住，讓你買下一件衣服的理由應該是它很適合現在的你，而不是它看似划算的價格和那一塊小小的商標。

選擇適合自己的衣服，而不是吸引自己的衣服一般而言，每個人期望中的自己和現實中的自己都有一定差距，而期望中自己的理想形象落實到服裝上，就是那些可能並不適合穿但很吸引你的衣服，它們代表了你的審美趨向和品味。但是，對一部分人來說，吸引自己的衣服有時並不適合自己，所以要學會分辨兩者的不同，能夠理性的放棄「美，但並不適合我」的服裝。當然，如果你實在喜歡且財力也允許的話，建議你也不妨奢侈一下，買回來獨自欣賞也是件美好的事情。

多關注流行資訊，培養自己的敏感度和判斷力

沒有人生來就特別會穿衣服，看看那些整天世界飛來飛去的知名造型師、設計師就知道了，為了得到第一手的流行資訊，他們甚至還會自費到歐美體驗第一時間的流行。不是專業時尚人士的我們不能因為這個就放棄對時尚的關注，選擇幾本你喜歡的報紙和雜誌，定期閱覽，不斷刷新自己的敏感度和判斷力，時間長了，眼界自然會不同。另外，現在也有很多專業的造型設計師，有問題時也可以求助於他們。還有，你身邊有沒有公認的「會穿」的女友？不要不好意思，多聽聽別人的經驗之談也會少走一些彎路。總之，勤奮和天分的道理也適用於穿衣之道，只要你用心了，你就一定會是最美麗的。

做個性感脫俗的美人

現在，越來越多的女性都只為討好自己而不單單為了男人而性感。正如今天的女性愛好打扮只為自我感覺良好，而不是為悅己者容。何況性感本來就是每種雌性動物都有的天賦條件。女性剛醒來時的一對惺忪睡眼、喝酒後的微醉與一臉緋紅何嘗不性感，而這正是構成美感的元素，所以對性感為何要去壓抑？

1. 性感特區戴飾品

女人身上有多個性感特區，如腳踝、耳垂、肩胛、後頸、手臂、頸部等，故在腳踝部位戴條小細繩、小腳鍊，在耳垂吊個大耳環或小耳釘，在手臂上戴個臂環或印個小刺青，在頸部戴條精巧的項圈或項鍊，都能讓女人的性感指數明顯的飆升。

2. 為身上添一點紅

配合適宜的黑色固然能添一點神祕的魅力，而適度塗上一點紅色，也讓人覺得你是一個愛冒險、喜挑戰並充滿熱情的女人。正如一位作家所說，美麗的女人當眾塗口紅，尤其是塗一口濕潤的紅色口紅，可頓時生出風情，叫男人看得如痴如醉。

3. 輕輕噴點香水

若你有體味，請不要清除而後快，很奇怪，某種程度的體味往往也是構成叫人覺得性感的男人味或女人味。若你沒有香汗或女人味，那亦可挑選一些專為撩起別人嗅覺而調製的香水。

4. 穿高跟涼鞋

女性的腳踝及腳部早已被性學專家認為是重要的性徵。而涼鞋及高跟鞋向來就是女性用以張揚腿部性感的武器。男性喜歡凝望女性穿著涼鞋時裸露的腳踝、穿細跟的高跟鞋時婀娜的姿態，已是女性不甚介意的公開行為。順帶一提，西方性學研究人員發現，經常穿高跟鞋（當然是合乎足部健康的高跟鞋），會讓腿部內側的肌肉更結實，從而有提高女性性能力的妙用。

5. 牛仔褲貼身穿

牛仔褲廣告經常表現不羈與我行我素的形象。在某種程度上跟性感有微妙的關係。牛仔褲廣告的模特，都是穿了剪裁完美的牛仔褲而讓性感指數倍升。

女人的貴氣從鞋開始

人們對鞋有不少說法。有人認為，鞋是身分的象徵，尤其是在歐美國家，一些出身高貴或家庭教養良好的人，從很小的時候起就會被告知：鞋是人們對你的成就、可信度、社會背景、教養等方面的一個檢驗標準。因此，在上流人群中，人們常常會先看鞋再看臉。華爾街上也曾流行著一句俗語：「永遠不要相信一個穿著破皮鞋或不擦皮鞋的人。」可見鞋的品質還與穿鞋者的可信度成正比。

還有人認為，鞋跟的高低與學識的深淺也有關係。美國的一項有趣的調查發現，中學以下文化程度的女性，鞋的高度較高，有越高越好的趨向，在大學讀書超過四年的女性，多數人通常只穿薄薄的平底鞋。在美國，了解美國女人的文化水準，可以低頭看看她的鞋。當然，這種觀察有些絕對，不過是個可以參考的有趣現象。

鞋不僅與身分象徵有關，事實上，女人優美的姿態，很大程度也與鞋有緊密關係。穿平底鞋與穿高跟鞋，走路的感覺是完全不一樣的。不管你是否喜歡穿高跟鞋，一旦穿上它，因為要平衡身體的重心，你會不由自主的變得挺拔起來。為了不至於走成「蝦米」或「坐板凳」式，你必須適當的收緊小腹，伸直膝蓋，將重心自然的從腳跟過渡到腳尖，讓步履盡量輕盈一些。如此一來，走路時自然會變得優美婀娜起來。因此，即便個子偏高一點的女性，出席正式場合也可以選擇稍有高度的鞋子。

當然，不要選擇鞋跟超過五公分的鞋子，那會損害身體健康。要想鞋與形體美完全統一，買鞋時首先要考慮舒適度。一雙不舒服的鞋，會因不得不改變行走姿態而破壞體態，久而久之，會嚴重損傷形體。此外，對於職業女性來講，過高的鞋子會限制活動範圍，降低工作能力。為此，我總是在舉行對外活動前特別提醒下屬，不要在活動期間穿新鞋或高度不適的鞋，這種場合，女性最吸引人的魅力不是性感和妖媚。

鞋的選購和使用很重要。法國女人選擇鞋子非常慎重，既要耐穿，符合個性，還要注意可搭配性。一個有魅力的職業女性，至少得有三十雙以上能夠穿得出去的鞋子。其中，十二～十六雙可以搭配各式各季、適合搭配三種自己常用色彩的正式套裝的鞋，三～五雙晚會鞋，三～五雙休閒便鞋，兩～三雙運動鞋，還應根據喜愛的運動項目選擇適宜的專業運動鞋。如果你喜歡旅遊、徒步旅行，還得特別準備心愛的旅遊鞋或登山鞋。運動休閒是放鬆和快樂的，穿上心愛的鞋，心中會充滿更多的快樂和喜悅感。如果講究一些的話，你的鞋可以擴充到八十～一百雙左右。偏於時尚行業的女性還得有時裝鞋，建議每一季都應購進一～三雙符合心境或者當季流行或經典的新鞋，讓自己從腳底時刻散發和體驗著新鮮感與時尚感。

買鞋時要根據經濟能力選擇鞋的價位。但要注意，用於正裝的鞋至少得有一～兩款盡可能是知名品牌或品質非常好的。價格高昂的皮鞋不僅貴在牌子上，而且也在精良技術和可靠品質上。通常兩千元的皮鞋，穿著時間是四千元皮鞋的一半；而八千元以上的皮鞋可以穿得越來越舒服且不容易走樣。不過，如果不加保養，一萬兩千元的皮鞋很快就會看起來和兩千元的皮鞋沒有什麼區別。

高品質的鞋通常是手工製作的，製作者縫合時小心翼翼並且力求每道工序都盡善盡美，這會延長鞋的使用壽命。義大利的純手工定製鞋，要經過多達三百多道繁複工序的精工細作，充分考量了人體工程學與力學原理，價格高昂是有道理的。

晚裝鞋和時裝鞋重在選擇裝飾性和流行性，品質方面不必太在意。當然，如果你是經常出席各種 Party 的社交名媛，這類的鞋可是亮點之一了。

如今，世界頂級女鞋品牌有：Roger Vivier、Manolo Blahnik、JIMMY CHOO、Salwatore Ferragamo、MIU MIU、Bally、BERLUTI、Gucci 等，不管你是否消費得起這些名貴品牌，你都應該對它們有所了解和學習，正如你不可能擁有所有的名車、古董、珠寶，但你可以鑒賞和熟悉它們，這是一種修養和品味。每一個名牌都傳承了特定的文化，凝聚了經典元素，可以陶冶你的情操，提升品味。在這些品牌中，Bally和Ferragamo倡導風格元素，是優雅女性的象徵。這些品牌的鞋具有極強的舒適性和良好的耐穿性，從鞋面到鞋跟，都經過了精細的研究和處理，外表也優雅端莊，俏麗秀美，內部結構材質上乘，可以襯托出腳的性感與嫵媚。好的鞋子會讓人產生獨特的自信，與鞋融為一體。

正裝鞋建議選用三~四公分高度的小牛皮鞋，端莊大方容易搭配。顏色以中性色為宜，尤其是黑色，黑色宜於和中性色調或更多色調的衣服搭配，包容性較強。當然，黑色並不能配所有的服飾，淺色調衣服搭配黑鞋會顯得過於沉重，這時你可選用有黑色部分的衣服來呼應，或是配一些黑色的帽子、圍巾、項鍊之類的飾品。此外，如果找不到適合的鞋子配某件衣服，可以選中間色調。一般可選古銅色或紅銅色的鞋子搭配暖色調的衣服，灰色、霧銀色的鞋子搭配冷色調的衣服。因此，通常你應備有三種色調的鞋子，中性色黑色，中間色古銅色、紅銅色、灰色等，還可選擇任何一種你喜愛的色調，與你喜歡和適合的服飾色系搭配。

服飾，讓女人氣質完美展現

服飾的意境美

面對眼花繚亂的時裝，究竟穿哪一款哪一式才更適合你呢？

生活中，有的人無論穿什麼樣的名貴高檔時裝，總讓人覺得俗不可耐，而有的人哪怕是穿上簡單素雅的衣服，也能顯現一種超凡脫俗的氣質。著裝者的文化素養、氣質風度以及對服裝的選擇、不同的搭配都起著提升衣裝氣韻的作用。

衣裝氣韻，是由服裝的色彩、款型、質地和著裝者的文化素養、精神氣質、穿著方式、著裝環境等多種因素綜合在一起，反映出來的美感。

同樣是套裝，有的女士穿著給人一種優雅、莊重、穩健又內涵豐厚的感覺，而有的女士穿著則給人一種不倫不類的感覺；同樣是旗袍，在有的女士身上能散發出一種典雅、華貴的風格，而穿在另一些女士身上顯現的卻是一種矯揉造作的媚俗。這是因為，作為非語言性的資訊傳遞工具，服裝在參與人體造型的過程中，能將著裝者的氣質、容顏、身段糅為一體，對衣物的形態美進行再雕塑，從而打造出一種優雅和諧的美感。

一款衣裝的得體美感，能夠折射出時代的氣息和韻味。欲將自己裝扮得體而又有風度，就應該擁有一款人見人愛的、唯我獨有的時裝。這款時裝不會因換季降價，也不會因歲月蒼老而褪色，它是你一生中最美的一件，決非金錢所能購得的，因為那是用你的優雅氣質縫製的。

著裝的「TOP」原則

TOP原則，要求服裝、儀表、修飾因時間、地點和場合的變化而相應的調整。所謂TOP分別是英語中Time、Occasion、Place三個單字的縮寫字母，意思是時間、場合、地點。

儀表服飾隨時間變化

這裡的時間有三層含義：一是指春夏秋冬季節的變化；二是指著裝的人年齡層次；三是指時代間的差異。著裝應根據四季更替所形成的氣候條件、自然背景及其對人們生理和心理的不同影響，並與自己的年齡、成熟度相協調，同時亦須順應不同時代的風尚、潮流的界定，選擇與之相適宜的著裝、妝飾和髮型。

儀表服飾隨地點變化

地點在這裡是指環境。穿衣戴帽當然要考慮所處環境：繁華都市或是邊遠鄉村；豪華賓館或是海邊小屋；晚宴舞廳或是保齡球館……人、服飾、環境須保持和諧相稱，否則環境會對你形成排斥，使你在這個環境中顯得格格不入甚至滑稽可笑。你穿著做工精細、色彩中性的職業套裙在辦公室裡顯得端莊而幹練，但若出現在晚會的舞場上就會讓人尷尬——裹緊的筒裙沒法讓你旋轉。所以，應盡量使儀表服飾與環境氛圍融洽協調，從而產生良好的視覺效果。

儀表服飾隨場合變化

這裡的場合指的是特定內容下的對象及氣氛。無論是上班還是居家，辦喜事還是喪事，進行商務談判還是赴交際約會等等，都有不同的形式、目的和與之相配的著裝要求及約定俗成的禮儀規則。儀表服飾的整體效果只有合乎這些特定場合及對象的要求，並與其融洽和諧，同時合乎禮儀規則，才會使交際對象感覺到你的禮貌、誠意、教養和情趣，並對你產生好感。

用服飾展示你的形象和風度

服飾是一種靜止的無聲語言，也是一種重要的體態信號，它無時無的不在向世人展示主人的形象和風度。

在社交活動中，得體的衣著打扮至少有這樣4個作用：

第一，它能展現人的內在精神風貌、生活情趣和審美追求。

第二，這種文明的儀表能贏得對方的信任和尊重。現代心理的研究成果表明，服飾在建立「第一印象」的所有因素中占有最重要的地位，建立「第一印象」的順序是：性別↓年齡↓服飾↓容貌、姿態↓表情↓眼神↓態度↓允許接近範圍↓接觸程度。

第三，美的服飾能使人的形象更加富有魅力。

第四，衣飾可以律心，心清則話明。成功的裝扮，可以增強自尊心，提高自信力。

因此，我們必須注意發揮服飾在社交和口才中的作用。一般來說，服裝、髮型、飾品、化妝等，都要以美觀、大方、入時、合群為準則，既不可不修邊幅，也不必濃妝豔抹，過度打扮，更不能奇裝異服，不倫不類。

配飾——氣質的點睛之筆

配飾之於裝扮，就如同裝潢之於房子，都能增添無限的美感。配合你的體態、臉型、服裝、飾品、配件與衣著顯示出整體的美感，使你益發有魅力，富有畫龍點睛之妙，你怎能錯過？

飾品之於女人，絕不流於簡單的點綴，它是女人的靈性。看女人所戴的飾品，便洞悉了一個女人的內心世界。飾品、配件融合的是女人的美感、情趣與智慧，你又怎能忽視它呢？

今天的生活是開發和塑造美的時代，是重視藝術生活的時代。現代的飾品藝術已發展成為系統考慮、靈活運用、多樣排列組合的可行性藝術，使有限的飾品在不同的配套中產生出豐富的藝術效果和功能。高明的裝扮藝術使飾品賦予人生更深刻而更豐富的情感體驗和審美享受。

著名時尚預測專家卡爾莉．馬索說：「別再拒絕流行，這個時代沒有理由讓青春的你像路邊的石子一樣被漠視。別再羞於暴露真我，當各路流行飾品正在搶灘時尚時，你（女人）就不該寂寞……」

帽子為你錦上添花

帽子既有實用功能又有審美裝飾功能，同時還能作為一種禮儀的象徵。一頂合適的帽子，加上得體的戴法，能夠襯托出一個人的身分、地位和修養，也能掩蓋不盡如人意的臉型或頭形的缺陷。

國外參加正式的儀式一般都要戴帽。穿禮服須戴黑帽子，而參加正式宴會穿晚禮服時，絕不能戴帽子。

在莊重嚴肅的場合，如參加重要的集會、升旗儀式時，除軍人可以戴帽行軍禮外，其他人應一律脫帽以示敬重。在悲傷的場合，如在追悼會、殯葬儀式上向遺體告別時都應脫帽。

根據服飾禮儀要求，女士在參加正式的儀式時，要戴上與自己所穿服裝相配的帽子。帽子既可正戴也可斜戴，不同的戴法會產生不同的視覺效果和禮儀效應。正戴顯得莊重、正派，斜戴則顯得活潑、嫵媚；正戴可使臉型更加豐滿、端莊，斜戴則顯得清瘦、俏皮。但切不可把帽檐拉得太低，那樣會顯得憂鬱；如果像電影中的壞傢伙「歪戴帽子斜穿衣」，那就降低了自己的人格。公務活動中（如上班、洽談生意），通常在室內不宜戴帽子，尤其不宜戴裝飾性太過強烈的帽子；在社交活動中，按「女士優先」的原則在室內允許女士戴帽子，但在對長者表示敬意時或在看演出時，應把帽子暫時摘下來。

眼鏡——臉上的一道風景

合適的、精緻漂亮的眼鏡能使你風度翩翩、氣質儒雅。眼鏡能使你變美，關鍵問題是框架的選擇。從美容角度出發，眼鏡框架的選擇要考慮臉型、膚色、氣質類型等要素。

1. 方臉、圓臉、胖臉人的鏡框選擇，應是寧大勿小，框架線條宜寬不宜窄。女士宜選稍帶尖角上寬下窄的框架，使臉部有加長的效果。眼鏡宜輕不宜重。
2. 長臉、瘦臉的鏡框選擇，無論男女都適合選用上寬下窄的鏡框，如扁方形、斜方（圓）形、上翹角形等，它們都有加寬臉型、將視線引向橫向的效果，使臉部顯得豐滿些。女士可選擇鏡腳材料纖細些的鏡框以展現文雅。
3. 「由」字形臉的鏡框選擇。這種臉上窄下寬，顯得臉下部偏大，無論男女都應選擇方形或扁方形框架，以加強臉上部的寬度，使臉部上下寬度得到調整和修飾，但鏡腳不要選擇太寬及過重的材料。
4. 橢圓臉型鏡框的選擇。這種臉型十分適合戴眼鏡，鏡框的選擇餘地也較大。男女都可選擇各種不同造型的鏡架，只要想好自己追求哪一種風格就行。時下流行的無框纖細樹脂片眼鏡，對一些近視度數不高的人來說是很合適的。戴上這種眼鏡後看上去有學者風度，顯得高貴、典雅和有知識，尤受辦公室女性歡迎。

5. 皮膚白的人選擇各種顏色框架均可，皮膚黑或黃的人應選略深一點的框架，否則反襯臉色更黑；不要選中間色，因太靠近臉色顯得臉部輪廓含混不清，缺少立體感。戴眼鏡的女性尤其要注意眼部化妝。

此外，大眼睛選擇較窄上框的鏡架，小眼睛選擇無框鏡架，高度近視選擇小框架以避免鏡片太厚像啤酒瓶底。

讀懂「首飾語言」

首飾泛指寶石、戒指、耳環、項鍊及其掛件、手鐲、手鍊、足鏈、胸針等飾品，它是服裝美感的一種延伸。穿一套美觀、新潮、得體的服裝，如果再適當佩戴符合身分、雅而不俗的項鍊、耳環，便會錦上添花，倍增風采。首飾是一種無聲的語言，能在一定程度上展現佩戴者的閱歷、教養和審美情趣；佩戴首飾也是一種有意的暗示，人們可以藉此了解佩戴者的身分、財富和婚戀資訊。因此，在社交場合，人們選用和佩戴首飾，就不得不注意選用規則和佩戴禮節，略知「首飾語言」，要遵守以少為佳、同質同色、符合身分和傳統習俗的原則。

戒指

戒指通常應戴在左手。戒指戴在不同的手指上所傳遞的語意是不同的。戒指戴在食指上表示無偶而有尋求戀愛對象或求婚的意向；戴在中指上表示正在戀愛；戴在無名指上，表示名花有主，佩戴者業已訂婚或結婚；而戴在小指上，則暗示自己是位獨身主義者，將終身不嫁（娶）；拇指通常不戴戒指。修女的戒指則戴在右手無名指上，意味著她已把愛獻給了上帝。戴白紗手套時戴戒指，應戴於其內，只有新娘不受此限制。鑽戒是最正規的結婚戒指，它不能用合金製造，必須用純金、白金或銀製成，再鑲以貴重的鑽石、寶石，以表示愛情的純潔珍貴。戒指的粗細應與手指的粗細成正比。戴戒指還要與年齡相適應，如少女可以不戴，也可以選擇小巧玲瓏的非鑲嵌類款式，如星月戒、如意戒、閃光戒等。已婚的青年婦女可以選戴珠寶鑲嵌戒，也可以選擇龍鳳戒、桃形戒等寓意已婚的戒指。中老年婦女端莊、穩重，喜歡討個吉祥，戴素圈戒、福字戒比較合適。

手鐲與手鍊

戴手鐲與手鍊的規矩相似。一般已婚者戴在左手腕或左右兩手腕同時佩戴；如僅在右手腕佩戴，表示自己是自由不羈的人。值得注意的是，一般情況下，男女均可戴手鍊，但僅戴一條，且戴在左手腕上。在一隻手上戴多條手鍊，或雙手同時戴手鍊，手鍊與手鐲同時佩戴，都是不適宜的。手鐲、手鍊也不能與手錶同戴於一隻手上。如果手腕、手臂不太漂亮，則要慎戴手鐲與手鍊，不然反而暴露自己的短處。

項鍊

佩戴項鍊有悠久的歷史，考古發現山頂洞人的遺物中，就有用動物牙齒和貝殼經染色串成鏈狀的化石。項鍊男女均可佩戴，但僅限一條，且男士所戴的項鍊一般不外露。戴項鍊應考慮脖子的長短、粗細，因人而異。如脖子粗短則宜戴長而細的款式，脖子細長則應戴短而粗的款式。

耳環

耳環僅為女性所用，並要成對佩戴。耳環的選用與佩戴要與自己的臉型相協調。根據視錯覺原理，人的視線左右移動時，會產生寬度感；而視線做上下移動時，會有縱長感。因此，長臉型宜佩戴淺色的大耳環、貼耳式耳環、短墜耳環，有利於人們對長臉型印象的改變，因為淺色在人的色彩心理感覺上有擴張感。而圓臉型則宜佩戴有墜耳環，可以利用耳環的垂掛所形成的縱長度，使圓臉的外輪廓有所改變。

絲巾——為氣質加分

絲巾是女人飄動的情緒，總在不經意間輕輕流露，每條絲巾、每種打法都反映著女人不同的心態和情懷。

女人的繽紛生活，不能只靠美麗衣物打扮，美麗必須是面面俱到的。適合的彩妝、合宜得體的衣著打扮，全是營造出美麗形象的必要條件，利用不同的絲巾配件，來搭配出適合各種場合的穿著，讓女人整體造型更臻完美。

1. 絲巾繫法

（1）成熟優雅的條狀結。將長條絲巾對折成適當寬度，在頸部輕輕繞一圈，尾部交叉打結，然後調試鬆緊度以達到自然效果。這是簡潔中不失靚麗的最佳繫法。適用場合：商務型非正式聚會，是最簡單的絲巾繫法。

（2）熱情洋溢的包頭結。將絲巾對折成大三角，裹住頭部及前額的一部分，將絲巾的兩角在頸後交叉打結，再次交叉後繫好，整理造型，讓秀髮同絲巾角一起自然下垂。適用場合：旅遊度假和節日Party，是最書卷味的絲巾搭配。

（3）輕輕纏繞變靚衫。兩條同種花色的絲巾先左後右分別繫在腰間，交錯之後便點染出動靜皆宜的效果。適用場合：晚宴和酒會，是最性感的絲巾搭配。

2. 絲巾的收納方法

（1）利用掛西裝褲的衣架，將絲巾折成可以立刻使用的狀態掛起，並用夾子固定，取用十分方便。也可將絲巾掛在衣架上，並用衣夾固定。用厚紙夾在夾子與絲巾之間，衣夾就不會在絲巾上留下痕跡。

（2）可選擇用厚紙板製作的小型收納盒，寬度三十公分左右，將折成原大四分之一大小的絲巾再對折後收藏。

（3）將絲巾折成原大的四分之一大小，放入有多個內層的文件夾內。收納時，只要將文件夾平放，就不會產生褶皺，而且一目了然。

女人的手提包，女人的快樂

女人都喜愛手提包，特別是出入辦公大樓的白領一族，週一至週五，朝九晚五，都被套在呆板而暗淡的職場服裝中，手提包更是成了必不可少的隨身愛物。

手提包與服裝的搭配又是一門藝術，一個入時得宜的手提包不僅可以把使用者的品味展示出來，還可以掩蓋其形象中的不足，比如穿一套薄紗衣服，配上一個小巧精緻的絲編手提包，便可增加輕柔典雅的魅力；穿牛仔裝、寬鬆T恤時，不妨提一個大單肩包，顯得輕鬆自如。

夏天，提一個白色手提包，使人感覺整潔清爽，與深色服裝搭配，顯得嫵媚；與淺色服裝搭配，則有一種典雅韻味。

黑色皮包適合任何款式服裝。在仲夏季節最好選用有亮光的漆皮手提包，會使人感到涼爽；秋冬季用鹿皮或毛料質手提包有一種溫暖感。

不同場合、不同環境需要有不同的手提包相配。參加舞會時，穿上一件輕快的服裝，配上一個小巧手提包，不但顯得可愛，而且頗富韻味。參加晚宴，配上只用金屬亮片或珠子做的小型手提包，可盡顯雍容華貴的氣質。出門旅行不妨選用軟皮做的大手提包或牛仔包，或草編的大提包，背在肩上，瀟灑自如。伴著心情、伴著服飾，每天為自己更換不同風格或不同色彩、款式的手提包，會給你帶來享不盡的快樂。

有味道的氣質女人

時尚的變化，帶動氣味的變化。著名電影人陳沖早年在美國時，曾為應徵角色奔波，在她的經歷中，有一件事曾讓她印象深刻，那是一個關於香水的故事。在一次爭奪角色的面試中，輪到一個女孩時，她從包裡掏出一瓶香水，在脖子上輕輕噴了幾下，然後充滿自信的走入考場。她的這個小動作讓陳沖感悟良多，在這次面試之後，陳沖走進百貨商店，為自己選擇了一瓶兩百多美元的香水。

香水可以讓一個人自信，這無從考證，但是香味猶如一個女人無字的名片，悄無聲息的透露著一個女人的故事，不用隻言片語。在電影《女人香》中，那位盲人上校從一個女孩用的香水，判斷出她的家世、性格、喜好。事實上，並非只有電影裡才會有這麼神奇的故事，人們對氣味的敏感程度以及氣味對人情緒的影響力，遠遠超乎人類的想像，以至現在產生了香薰療法。

香味是很個性化的東西。同樣一瓶香水，用在不同人身上味道是不一樣的，因為香水的真正香味是融合了人的體溫和油脂的，所以每個人都有屬自己的獨特味道。

選擇香水的時候，要根據自己的氣質以及工作生活環境，香水不僅使自己自信、愉悅，而且更有助於你魅力的發揮。香水選擇的錯誤會使人有一種張冠李戴的感覺。如成熟女士使用運動型香水會顯得輕浮；青春活潑的少女使用充滿魅惑的香水不免使人迷惑。一般情況下，白天使用淡香水，夜晚使用較濃的香水是最合適的。

今天，香水作為一種奢侈品的概念正在慢慢的淡化，使用香水的習慣已成為張揚個性的自我表現手段，成為演繹生活品味、點綴生活情趣的日用品，並在緊張的生活中散發清新開朗的悠閒氛圍。

每個人都應該有一瓶香水，找到屬自己的香型，好讓自己一整天都沐浴在和諧舒緩的清新氣氛中，保持一天好心情。

香水的香型

就像音樂中有七個基本音符一樣，香水世界裡也有七個基本的香水系列：

芳香—花香系列（Foral）

這種香型是種類最多最受女性歡迎的。除了玫瑰和茉莉香味較為濃郁之外，其他的都非常淡雅。著名香水有：Amarige、BlueGrass、Eternity、Joy、BverlyHill、Habanita、Floral、DanlaNuit、ChloeNarcisse等。此種香型又可細分為幾種：甜蜜—花香，如Boucheron、Chloe、OscardelaRenta，花香—水果香如Tresor，清新—花香（Floral-Fresh）如Diorella、Diorissimo、Volupte。

清新—草綠香系列（Green）

這是一種比芳香—花香系列更刺激、更清亮的綠草清香味。由嫩草香、羊齒香、藻香和柑橘香混合而創造出的一種綠野草的清涼感覺。是一九九〇年代最流行的香味之一。這種香精的揮發性比較高，因此多用於室外運動時使用。

目前世界上著名的清新—草綠加芳香—花香（Floral-Greer）香水有Eternity、Alliage、Dune、Escape、Ventvert、Y等。

古典—旭蒲鶴香系列（Chypre）

旭蒲鶴香水是世界上最古老的香水之一。相傳它是歐洲十字軍東征時，從塞普勒斯島帶回來的。這種香水的香味乾爽、沉靜，讓人迷戀。富含旭蒲鶴香的香水有Chypre、Dune、Femme、

Kowing、Miss Dior、Halston Couture 以及 Mon Parfum 等。

摩登—現代香系列（Modem、Aldehype）

這一系列的香精是在十九世紀末發現的，是從酒精及某些特殊植物中經人工合成方式提煉出來的。因此它提供了一種自然界沒有的，很有個性的略帶前衛的花香，如果和天然花香系列的香精配合起來，往往能產生一種讓人驚訝的效果。如世故練達、成熟迷人的香奈兒五號香水就是以這種香味為主的。其他著名香水有 Arpege、Caleche、Madame Rochas、White Linen、Donna 等。

神祕—東方之香系列（Oriental）

這種香型香氣濃烈、刺激而長久，具有典型的東方神韻色彩。所含的麝香、龍涎香、香草香、檀香的成分比較高，因此適合晚上使用，給人一種朦朧、高貴、典雅、神祕的氣質。它也是一直流行不衰的香味，如西元一八八九年出品的世界級香水 Jicky 現在還可以買到。

目前最著名的神祕—東方香味的香水有 YSL 一九九七年出品的鴉片（OPIUM）、嬌蘭一九二五年出品的莎樂美（SHALIMRA），以及 Amouage、Bala Versailles、Chantilly、Coco、Dioressence、Nahema、Poison、Samsara 等。

陽剛—菸草／皮革系列（Tobacco／Leather）

這種香型具菸草與皮革的香氣，多為男性使用。一九七八年出品的阿莎羅（AZZARO）和 YSL，以及一九八八年出品的爵士（JAZZ）香水都屬典型的菸草／皮革香型。一些女性香水也大膽啟用這種香味，如 Scandal（Lanvin）、Cuirde Russie（Chanel）等。

清揚—草原牧野香系列（Fougere）

Fougere 這個法語單字常用於形容一種清新、神氣、帶有藻類味道的香味。這種香型常用於男性香水之中，富含薰衣草香。世界上第一個流行的這種香水是法國大師保羅·巴貴所設計的Fougere Royal，近代著名的有阿莎羅（AZZARO）香水。

使用香水六祕訣，讓你更美麗

祕訣一：貼身接觸

香水直接接觸肌膚，身體的溫熱會使香氣蒸騰繚繞，更顯魅力。

祕訣二：少量多處

均勻而淡薄的香氣，帶來的是若有若無的朦朧之美，耳根、手肘內側、膝蓋內側是用香的佳處。

祕訣三：傾聽香語

香水有語言有品性，每一種香水都有自己獨特的品味。「毒藥」，是桃花香氣，它代表性感、嫵媚、多姿、妖嬈；「沙丘」，是蔥鬱自然的綠色植物型香氣；「鴉片」是經典的中性香氣，集男人的精明幹練、成熟灑脫和女人的清香於一體。

祕訣四：依時而變

香水的用量要與時令配合。晴日裡，香水會比溫度低的日子濃烈；雨天或濕氣重的日子，香水較收斂持久。另外，春天宜用幽雅的香型，夏天最好用清淡兼提神的香型，冬日則可選用溫馨、濃厚的香型。

祕訣五：切合環境

不同的環境需用不同的香水。上班時用的香水宜清淡優雅，晚宴或聚會時可選用濃烈的香水。隨身攜帶的香水瓶一定要精緻小巧，金屬電鍍口紅香水瓶適合於配亮麗高雅的時裝，玻璃瓶晶瑩透明，適合休閒服飾。

祕訣六：甜蜜伴夢

香水如花香一樣具有鎮靜、安撫神經的作用，玫瑰、柑橘花、薰衣草、茉莉等都是催眠效果極佳的植物，將以此為主要原料的香水，滴二三滴在腳上與手腕之上或耳根之後再入睡，能使您的夢更甜蜜。

你會用香水嗎

一般香水分為沾抹與噴灑兩種，但是無論哪種香水，都應先將香水噴抹在手腕上，再移往另一隻手腕，等手腕上溫熱後，再從手腕移至耳後，然後擦在耳下頸動脈及其他脈搏跳動處、手肘、膝蓋內側等處，用無名指在各個地方按壓兩次即可。另外，由於香水經紫外線照射會產生斑痕，故在直接接觸陽光的地方不要塗抹香水。忌用兩個手腕互相摩擦，這樣會破壞香水分子，影響香水的原味。

一般不要在頭髮上噴抹香水，因為夏天頭髮容易沾染汗水和灰塵，從而影響香水的揮發。如果你要參加一些正式場合，需要在頭髮上噴抹香水，那麼用你手指上殘留下的餘香就綽綽有餘了。正確的塗抹方法是用手指從內側梳起；或者把香水距離拉遠噴在手上，再像抹髮油似的抓一抓就行了。別一下子把香水直接噴到頭髮上，這樣的香氣太直接。

將香水噴抹在衣服上也是一種保持香味純正的好方法，但是由於香水中的香精沒經過脫色處理，帶有色素，當酒精揮發後就會在衣服上特別是淺色衣服上留下痕跡，一般多噴在內衣上或是外衣內側、衣領後面、裙擺、衣擺內邊緣等較為隱蔽處。

在夏天，若不希望香氣太強烈，可先將香水往空氣中噴灑，然後使身體靠近香霧以沾取香氣，一般香水距離身體二十~公分為最佳。體溫偏高的人應將香水抹在血液循環較慢、體溫較低的非脈搏部位，以使香水的揮發速度減慢，延長香味持續的時間。噴抹香水時，千萬不要集中在身體某一部位，少量多處、平均散布才是正確的方法。有許多女性因為考慮遮蓋體味汗味的因素而將香水塗抹在腋下，這是萬萬不適當的。腋下分泌出的汗水如與香水味混合，即會產生更加「可怕」的效果。

使用沾抹式香水，香水蓋的內側及瓶口必須擦乾淨。皮脂與塵埃會使接觸肌膚的部分在不知不覺中受到汙染，如果就這樣蓋回瓶子，香水會自己產生變化，對香水的質地與保存是一個很大的傷害。「用香高手」都會自備一塊專用的布來擦拭，同樣的，經常用乾淨的手指沾取也很重要。

香水不要碰到珠寶、金、銀製品。在佩戴珠寶、金、銀飾品時，最好是先噴好香水再戴，否則會使之褪色、損傷，尤其是珍珠類飾品，很容易受到帶有化學成分的物質影響而改變品質。孕婦應避免使用香水，因為許多香水中含有的麝香成分，會對胎兒產生不良作用，甚至可能導致孕婦流產。

為季節搭配香水

如果你是一個有品味的女性，相信你一定不會往自己身上胡亂噴抹香水，因為那樣只會一團糟。不同香型的香水在調製之初就預約好了適合它的顧客群，選定了它適合的場合、季節。

春天：溫度偏低，但氣候已開始轉向潮濕，香氛揮發性較低，適宜選用清新花香或水果花香的香水。

夏天：氣候炎熱潮濕，動輒汗流浹背，一定要選用氣味清新、揮發性較高的香水，中性感覺的清新植物香和天然草木清香都是理想選擇。

秋季：氣候乾燥，秋風送爽，可試用香氣較濃，略帶辛辣味的植物香型。如帶甜調的果香，或化學成分較高的乙醛花香。

冬季：在厚厚的衣物之下，更需濃濃的香氛驅走寒氣，清甜花香和辛辣調的濃香都是理想選擇。

哪些場合不適宜用香水

有些場合是不適合使用香水的，或必須特別小心的使用。若是不懂得區分這些時機、場合，你就會被認為是一個「沒有常識的人」。

魚乾女變身手札

不要覺得多喝汽水就會有氣質

就像你到醫院探望病人時，不宜送香味很濃的花一樣，香水的氣味也應以清淡為宜，尤其病房是屬密閉式的空間，病人對氣味也比一般人敏感，有可能因為聞到香水味而感到不舒服。

相同的，上餐廳或赴宴時也要特別留意香味。既然我們講究佳餚的色、香、味，若是本身的香氣太濃，佳餚的香味就會黯淡無光。尤其是香甜性感的香氣會減少食慾。因此上餐廳用餐時，將香水抹在腰部以下是基本的禮儀。尤其是在參加食物的品嘗會時，更要注意香水的使用。

當然，有酒的場合更適宜有香味，所以在餐後補妝時別忘了使用香水，然後再到下一個場所。

另外，在參加品茶會時，小小的茶室內往往會焚香品茶，所以也不要擦香水。

第四章　氣質與身體

——完美體態提升氣質的不二法則

使你的頸部更迷人

很多人認為衰老是從臉部開始的，卻不知，當你的眼角仍保持細嫩的膚質時，頸部已初露衰老的跡象。女性從二十五歲起，皮膚開始走向衰老，最先顯露跡象的部位，就是「曝光率」極高的頸部。正所謂「從女人的脖子上去尋找年齡」。確實，人們往往在過度注重臉部之時，忽略了我們暴露在外的「第二張臉」，使它受到歲月的侵蝕，日趨黯然失色。

因此，完美女性如想擁有完美的頸部，必須注意對頸部的保養。頸部保養又可分為日常護理和專業保養兩個方面。

日常護理

1. 平時需保持良好的坐、站、立姿勢。另外還要有良好的睡姿，高的枕頭會讓頸部彎曲，容易產生皺紋，因此應使用較平的枕頭。
2. 平日卸妝必須延伸到胸肩部和下顎分界線最後，一旦發現頸部肌膚有點異樣，需立即採取特別護理，以期改善疲憊的表皮，恢復肌膚的健康彈性。
3. 每日用冰塊敷於頸部、胸部，然後用手輕拍便可，這可修護肌膚，使之恢復健康光彩。另外，每週應以柔和的洗面乳清洗肌膚，做一次全面的頸部護理。

頸部運動

簡單方便的頸部操不僅可美化頸部，讓頸部皮膚保持彈性，而且可緩衝頸部肌肉與皮膚的疲勞感。

第一步：前後活動脖頸，將脖頸充分的向前後彎曲，向前要達到胸部，向後時也要讓頸部深深的彎曲，讓頸部和地面達到平行。

第二步：側向活動脖子，向左右兩側交替轉動脖頸，使它的側面肌充分得到伸展。

第三步：全方位轉動脖頸，用頭部畫大圈帶動脖頸，向右轉完，再向左轉。

第四步：用雙手內側手掌和指肚部位交替從鎖骨向上輕拉至下巴，這個動作雙手從頸部一側開始移動到另一側，重複做六~八次即可。

纖細的手臂，短袖的誘惑

人體的肉包括脂肪和肌肉，只有當脂肪和肌肉的比例協調，身體才會是美麗的。脂肪是非常時刻所需的能量源，而且是阻擋寒冷的「外衣」，所以是身體必要的組成部分。肌肉使身體自由的運動，並將脂肪完美的包裹起來，也是身體不可或缺的組成部分。一般來說，只要吃得健康，運動充分，我們就能擁有美麗的身體。運動就是使用肌肉，手臂的肌肉在收縮和放鬆的同時使手臂形成細長的樣子，而不是短粗的手臂。很多人生怕手臂上形成肌肉團，所以不運動，其實如果讓手臂的肌肉做收縮放鬆運動，並不會形成肌肉突起，反而能夠練就修長美麗、富有彈性的手臂。

讓小臂變得纖細的方法

1. 雙手穿過膝蓋交叉相握，接觸地面。腳踝是關鍵，要堅持十秒鐘。
2. 雙臂向左、右、前、上、下方向伸直，用力抖動，每個方向堅持十秒鐘。
3. 雙手放在腦後，一隻手抓住另一隻手的手腕，上下拉動。換方向重複。

美背五部曲

在每一季的春夏時裝秀場中，你不難發覺那裡幾乎是美背香肩的天下。想在春夏做個富有魅力的女人，零缺點的背部曲線絕對是你最大的勝算。不妨就讓這五個方法幫你美夢成真。

日常養護工程

要徹底的做好背部清潔工作，首先要選擇適合你肌膚的清潔產品，或是在沐浴乳裡面直接加入去角質的顆粒，徹底清潔肌膚。然後噴上化妝水或者是抑制青春痘的爽膚水，這是因為除了腳底板的肌膚之外，背部肌膚是全身最厚的部分，因而背部的循環代謝能力較弱，脂肪及廢物也比較容易堆積而形成粉刺，因而控油是重點。噴完爽膚水後抹上潤膚乳。這樣平衡調理，背部皮膚會日漸柔滑。

背部伸展操

鬆垮垮的背部肌肉套在輕盈的鏤空禮服裡，難免有美中不足的缺憾。況且，壓力常會不知不覺的堆積在頸項間及背部，所以每天利用睡前十分鐘做做背部伸展動作，不但能讓背部不再緊繃，也能增加背部肌肉的緊實度。

清除無情小痘點

由於背部的脂肪及廢物比較容易堆積而形成粉刺，因此想要擁有完美的背部膚質，可利用深層潔膚面膜來清除毛孔中的髒汙。另外，若擔心潔膚面膜會使毛孔變粗，可在清除面膜後，灑上一些收斂水。

妝點背部無瑕膚質

若想以最快、最有效率的方式擁有完美的背部風采，那麼上些蜜粉是較不費氣力的選擇。若背上有斑點，可先使用粉底，再以蜜粉定妝。至於膚色不均的問題，則可以使用防晒產品改善。若是想在夜晚或party中製造絢麗效果，不妨使用些身體亮粉，保證會讓整體造型增色不少。不過切勿使用過多亮粉，否則會讓人誤以為是人工螢火蟲，使你的形象大打折扣。

讓你的乳房更性感

漂亮的乳房能使人變得性感迷人，因此，不少被戲稱為「太平公主」的女性為增加自己的曲線，不惜花鉅資去隆乳。然而在日常生活中，只要我們不斷積累行之有效的健乳方法，時刻注意呵護雙乳，持之以恆，也能達到美胸的目的。

運動美乳法

健胸運動不僅可以使胸肌發達，還能增加乳房彈性。尤其是對乳房鬆弛下垂的女性更為重要，這種運動的具體做法是：

屈伸運動：在雙槓上做雙臂屈肘支撐，身體盡量下垂，把胸肌充分拉長，再用力撐起。

牽拉運動：站或坐著，兩臂放在身體兩側，緩慢向兩邊舉起，達到頭肩之間的高度後，再慢慢向前舉，當兩臂快要相碰時停止。然後兩臂分開，還原並使肌肉放鬆，重複五遍。

推前運動：坐好後，兩臂向前伸起，手肘彎曲，兩手相握並用力向前推，但手要保持不鬆，從一數到六後，再放鬆雙手。可連續做幾遍。

挺胸運動：含胸、挺胸交替進行，也可反覆多次。

床上運動：仰臥在床上，把上半身抬起，然後雙手按游泳的姿勢交替進行「劃水」。

荷爾蒙美乳法

當女性進入乳房發育的時期，如乳房發育不良或不正常，可能是荷爾蒙分泌失調，應及時到醫院檢查，在醫生的指導下應用女性荷爾蒙，這樣做可有效的美乳，促進乳房發育。

精神美乳法

乳房的生長發育會受到內分泌的控制，而內分泌功能在基本上受精神因素的制約。因此，一些性格內向、抑鬱寡歡的女性，常會出現內分泌失調，而引起乳房發育不良。因此，保持樂觀的情緒，開朗的性格，充分的睡眠，是乳房健美的重要條件。

物理治療美乳法

適當的按摩和物理治療可促進乳房的彈性和飽滿，並經常用鮮乳汁或營養膏塗擦乳房皮膚。至於是否可塗些含女性荷爾蒙的營養膏，最好經醫生同意，且不要觸及乳頭。

水浴美乳法

利用淋浴噴射胸部，衝擊刺激皮膚，可以促進血液循環，加強新陳代謝。如果乳房過小，可用毛巾交替冷敷與熱敷，十分鐘交替一次。如果乳房下垂，最好用淋浴噴頭從下往上沖，並環形按摩乳頭周圍，以增加組織的張力，使乳房堅挺豐滿。浴後塗上營養霜。

形體美乳法

保持正確的姿勢是很重要的。因為乳房是在脊柱的前方和肋骨的上面。而肋骨和脊柱相連構成胸腔。若姿勢不佳，形成駝背、含胸或肩部高低不平的話，勢必影響乳房的正常發育與位置。因此，女士們平時應注意自己的儀表，保持腰背挺直。

產後美乳法

產後乳房會比以前豐滿，這時應認真加以按摩保養，使其恢復彈性。可選用合適的胸罩扶托和固定，以防止下垂。特別是在流產後，荷爾蒙劇變，易破壞乳房的健美。此外，要預防哺乳中止時造成的乳汁淤積和嬰兒吮乳時的咬傷。

化妝品美乳

美乳化妝品中的營養成分能及時為乳房發育提供所需養分，增加脂肪量；美乳添加劑可以激發腦垂體及性腺的分泌功能，從而提高體內雌性荷爾蒙濃度，促進乳房發育，防止乳房鬆弛下垂，使其豐滿，富有彈性。隨著現代生化技術的迅速發展，新型的美乳化妝品也越來越多，對美乳效果明顯的生化添加劑也不斷出現，如胎盤提取物、蜂王漿、膠原蛋白、血清等，這些生物型美乳產品療效明顯且安全無副作用；以中草藥為代表的天然植物型美乳產品其特點是安全、效果好、成本低；一些系列產品中既有使平胸隆起的豐乳素，又有針對女性乳房鬆弛、下垂的彈力精華液，還有健胸凝膠、健胸噴霧劑等。此外，專業美容機構的一些高新滲透技術，如脂肪體包覆技術等也可應用其中，同樣能大大提高美乳效果。

打造纖纖細腰

自古以來東方就推崇女性的細腰美，戰國時期，楚國的君王喜好細腰，遂使民間細腰成風。古代細腰美人走路時候的婀娜多姿、弱柳拂風，確有一種陰柔的女性美。於是，如何擁有纖細腰身就成為眾多女性關注的一大問題。

曾經的蠻腰日漸為脂肪包圍，讓你苦惱不堪。其實，只需十分鐘，就可幫你消除煩惱。下面給你介紹三套實用省時的練腰操，只要十分鐘，每天堅持，相信不久你又能找回你的細腰了。

第一套

躺平，雙腿併攏向上伸直（運用腰腹部的力量）。背和臀部也同時向上挺直（離開接觸面），然後慢慢放落。重複次數依自己的能力而定。

第二套

躺平，雙手抱於腦後。身體伸直，運用腰腹部力量，使身體坐起再躺下。重複次數可依自己的體能而定。

第三套

躺平。運用身體腰腹部的力量把雙腿向上舉，同時上半身向前挺起，雙臂平伸。試著讓雙臂和兩腿互相碰觸。可依自己的體能來決定每次運動的重複次數。

以上三套動作分別進行或整合做都可，一天十分鐘不偷懶，夢想中的纖細腰身便會很快出現。

鬆垮的小腹，現在說再見

平坦的小腹和纖纖細腰是女人最棒的衣服。腹部狀態不佳會導致脊椎位置不正，給排便帶來困難。幸福不是那麼容易得到的，只有自己付出了汗水，才能換來身體的健康和美麗。蜷縮肩膀，收縮胸部，只會使腹部顯得更鬆弛、更突出。

是脂肪打退了肌肉，還是肌肉打敗了脂肪？是我戰勝了脂肪，還是脂肪打敗了我？鬥爭在不停上演。對於經常採取坐姿的現代人來說，腹部幾乎沒做過什麼運動。這樣的腹部成了脂肪最好的堆積處，一旦脂肪在腹部堆積，不經過一番痛苦它是不會輕易離開的。腹部運動雖然說比較困難，但我們總不能一生都挺著這麼難看的肚子生活吧？現在讓我們開始和腹部贅肉的快樂戰爭吧，為了得到腹部的健康和美麗，我們需要承受一些適當的痛苦。

1. 臀部著地，上身和腿部抬起，和地面各呈四十五度角，整個身體呈V字形。
2. 平躺在地上，雙腿抬起，和地面呈九十度，在這個狀態下膝蓋向胸部牽引，重複做二十次。
3. 採取仰臥起坐的姿勢，右腳後跟抬起到左腳膝蓋的位置，換方向，左腳後跟抬起到右腳膝蓋的位置。重複各做十五次。

性感加分，臀部加分

在背影中臀部永遠是關鍵的部分。美麗的臀部曲線不僅是美的象徵，也是年輕的象徵。性感的臀部如果變得鬆垮、失去彈力，那就暗示著我們已經衰老。

所有的人都很關心性感，但對身體中的性感部分——臀部卻往往重視不夠，有關臀部肌肉的運動也明顯不足。不要再光靠想像，讓我們採取實際行動創造性感吧。讓我們練就理想的臀部肌肉，防止臀部變得鬆垮、失去彈力吧。

防止臀部鬆垮的運動法

1. 雙臂自然張開，趴臥在地上，雙腿抬起，然後雙腿交叉抬起放下。重複動作。
2. 正面向下平趴，膝蓋彎曲，臀部和腹部用力，臀部向上抬起，保持這個姿勢五秒鐘不動，然後慢慢放下。
3. 只要有地方握住就能做這種運動。手握緊，一條腿抬起，與地面呈九十度，然後前後晃動。注意膝蓋不能彎曲，舉起的腿腳背伸直。左右各做十次。

完美身材由腿開始

夏日街頭，人流匆匆。突然，你我心動，駐足停留，又為何事？原來你的身旁剛剛飄過一位陽光少女。不為那短得不能再短的超級迷你裙，只為那苗條頎長的秀腿，迸發出無盡的活力與朝氣。那樣的腿，男人迷戀，女人也嫉妒！

完美身材從腿開始，下面的美腿法可助你夢想成真！

雙腿健美操

為了得到稱心如意的雙腿，首先要去掉多餘的重量——節制飲食和做健美操。兩～三個月後，雙腿多餘的脂肪逐漸消失，外形便開始改善。以下介紹一種專業的美腿法——雙腿健美操。

雙腿健美操並不複雜。一次做多少節，可根據自我感覺而定。至於每節重複次數，開始時可六～十二次，二～三週後逐漸增加。

做操之前，揉搓雙腿，讓肌肉發熱，做好運動的準備，做操之中，不要屏住呼吸，呼吸要有節奏。如果感到吃力，可以減少運動的幅度和次數，以避免過度疲勞。最可靠的運動量以自我感覺良好為準。雙腿肌肉略為疼痛，是正常現象，很快會消失，如連續完成動作感到困難，也可在兩節中間做短暫停頓，抖一抖雙腿。做操固然重要，但千萬別忘了走路姿勢：不要駝背，要挺胸，伸直脖子，抬頭，走一條直線。

1. 直立，雙腿齊肩寬，腳尖和膝蓋盡量分向兩邊，雙手貼身；骨盆先右後左轉動；回到準備姿勢；踢右腿，可彎曲，同時左腿半蹲；再踢右腿，不准彎曲，同時雙手在頭頂上擊掌；換左腳再做；
2. 仰臥，腳掌著地；腳掌不離地面，膝蓋分向兩邊，再合攏；
3. 屈膝仰臥，腳掌著地；腳掌不離地面，膝蓋分向兩邊，再合攏；
4. 坐在椅上，雙腿伸直，然後抬起，越高越好，並盡量保持這個姿勢幾秒鐘，緩慢放下；
5. 仰臥，轉動伸直的雙腳，先向前伸，膝蓋互相靠近，再朝外；
6. 仰臥，先彎曲雙腿貼近胸部；然後，緩慢向上伸直雙腿，與身體垂直，回到開始姿勢，再做；
7. 坐在地板上，彎曲雙腿，腳掌盡量靠近大腿，雙手放在身後支撐地面，緩慢轉動膝蓋，盡量碰到地面；

8. 仰臥，雙腿完成蹬自行車的動作，速度越快越好；
9. 側臥，一條腿壓另一條腿，膝蓋彎曲成直角，一隻手撐頭，另一隻手在胸前撐地；向上抬一條腿，抬得越高越好，然後，這條腿在空中劃弧，盡量讓膝蓋碰到地面；做六～十二次後，換方向，再做；
10. 準備姿勢向上，一條腿蜷起，貼近身體，然後，彷彿克服阻力，用力伸直，能做多少次，就做多少次；換方向，再做；
11. 四肢著地，身體前傾，向一邊抬右腿，腳尖著地，換左腿再做。

不同體型的瘦身要訣

一提到減肥，人們想到的好像就是大量的運動和拼命的節食，其實這是一種不完全的認識。正確的減肥方法應該是依據自己的體型選擇最適合自己的減肥方法。

有關專業人士融合了瘦身尖端科技和人體美學，並根據醫學理論和營養學進行分析，總結出「六大體型學」，告訴您不同體型的特徵，以及各種不同體型所需的瘦身要點。

下半身臃腫肥胖型

特點：這種體型的人下半身臃腫，腹部因脂肪集中像小球，臀部平寬且有浮肉下垂，大小腿肥胖。她們多喜歡甜食，除了三餐外，偶爾吃零食和消夜，飲食中纖維含量較少，最糟糕的是吃完馬上就坐下來。這種體型是東方女性最常見的體型，尤其是上班的女性居多。

瘦身要點：應注重雕塑下半身的曲線，要加速深層脂肪的分解和排毒。

胸部豐滿、腰細、臀部肥厚型

特點：聽起來，這種體型應是最完美的身材，但是過大的臀部和骨盆，太豐滿且下垂的胸部，

魚乾女變身手札

不要覺得多喝汽水就會有氣質

使整個體型顯得誇張，而且美感盡失。其飲食特點是進食速度緩慢，食量很大，飲食習慣偏向高油脂的食物。雖然是標準的美食主義者，但讓人感覺「胖嘟嘟」的。

瘦身要點：強化脂肪分解，縮減臀部、大腿外側和胳肢窩周圍的尺寸。

「虎背熊腰」型

特點：上大下小，肩寬臀窄，上半身脂肪既集中又肥厚，手臂粗且有浮肉，骨架大，是比較接近男人體型的身材。她們食量極大，但很少吃零食和消夜。

瘦身要點：提高代謝率，加速排除體內廢物，頸、肩、背和手臂的內外側均需修飾，以使身材比較勻稱。

「水桶」型

特點：胃部以下脂肪厚且集中，猶如「水桶」，整體看也像頭洋蔥。這種體型多是中年人，從事靜態工作，長時間坐著，無形中就「坐大」了身體的中部。吃得快，飯量大，經常過度集中進食是她們的飲食習慣。

瘦身要點：著重脂肪分解燃燒，縮腹減腰，修飾大腿內外側。此外，還需安撫精神緊張，進而放鬆緊繃的肌肉。

全面肥胖型

特點：骨架大，全身粗壯，手臂和大小腿均有浮肉，體型凹凸不平，看起來像個大青椒。在飲食上，她們偏重高熱量食品，飯量大，有暴飲暴食的不良習慣。這種體型的人，代謝機能差，活動量少，血液和淋巴循環不佳。

瘦身要點：加速熱量消耗，全面性修飾周身曲線，重現活力。

鬆弛肥胖型

特點：手臂及下腹部鬆弛下垂，肌肉彈性差，妊娠紋和肥胖紋橫布全身，鬆垮的浮肉如同一個熟透的大木瓜，三餐不定，晚餐過量，攝取油脂多，飲水少極易造成這種體型，多見於更年期或產後肌膚鬆弛的女性。

瘦身要點：強化彈性組織、結締組織支撐力，先減輕體重，加強代謝，再修飾全身曲線。

塑造完美身體曲線的沐浴法

現代人為了放鬆和轉換心情而沖涼和沐浴。沖涼和沐浴的時間，是一天當中舒緩疲勞身體的唯一機會。適當的熱氣能夠緩解肌肉的緊張，促進肌肉中的能量流動，使身體能量得到補充。不過俗話說「過猶不及」，過度的熱氣對人的身體是有害的。人體根據中性原理，會停留在既不熱也不涼的狀態，所以要用適宜溫度的水沖涼或沐浴，同時配合以下多種按摩和運動方法，不僅能夠保持身體的健康和美麗，還能享受由此帶來的愉悅。

利用水壓的按摩

胸部：用淋浴噴頭在胸部從下向上畫圓進行按摩。

腹部：從肚臍周圍開始，將噴頭呈順時針方向按摩。從下腹向胸部方向，各部分都要均勻按摩。

臀部：臀部從下向上，從裡向外進行按摩。

大腿：容易鬆弛的大腿後側和內側，從下向上淋浴按摩。

小腿：小腿容易浮腫，要注意集中按摩膝蓋後面的部位。

腳：集中按摩腳底，可以緩解疲勞。

在浴缸中做的簡易體操

塑造纖纖細腰：雙手撐在浴缸兩側，採取坐姿，膝蓋彎曲，臀部抬起，左右晃動。

塑造平滑小腹：一隻腿伸直撐住浴缸，另一隻腿彎曲，上身快速抬起，重複動作。

第五章　氣質與聲音——女人裸露的感性靈魂

包裝你的聲音

心理學家認為，聲音決定了你百分之三十八的第一印象。當人們看不到你時，音質、音調、語速的變化和表達能力占有你說話可信度的百分之八十五。聲音是女人自然天成的樂器，是穿越男人靈魂的旋律，美與不美，就看你如何把握和駕馭。

人們相互交往時，給人的第一印象除儀表之外，便是聲音了。一個人的聲音好不好聽，在人際交往中起著舉足輕重的作用。

有人說，在決定第一印象的要素中，儀表與聲音可以各占一半。因為只有開口說話，才能決定他人對你的真正印象。如果一個女人的外表舉止很美，說話的聲音也很美，那就等於為人際交往添上了兩隻翅膀，由此而更加充滿感染力。

女性要使自己的聲音有吸引力、讓人耐聽，用一個時髦的詞語，就是要「包裝」聲音，塑造出聲音的美。同樣的話，從不同人的口中說出，其效果可能會大不一樣。說話與發聲是門藝術，除講究抑揚頓挫之外，還要求速度適中、強弱得當、高低和諧、感情豐富、轉折自然等。

包裝聲音要注意以下幾個要素，即節奏感、音量、說話的速度。

要注意音調的高低變化。有的女性講話習慣於保持同一個音調，時間長了，就會使聽的人昏昏欲睡，打不起精神，從而達不到所要表達的目的。這樣，再精彩的內容也不會引人注意，更不利於與人交往。

注意口齒清楚，不要有太多的尾音，每個音節之間要有恰當的停頓。另外，太大的聲音會讓人反感，以為你在那裡裝腔作勢；音量太小又會使人聽不清楚，讓人誤以為你怯懦。一般來講，要根據聽者的遠近，適當控制自己的音量，最好控制在對方聽得見的限度內。

說話速度不要太快或太慢，應追求一種有快有慢的音樂感。在主要的詞句上放慢速度以示強調，在一般的內容上稍微加快變化。無變化的聲音是單調的，如同催眠曲，讓人進入精神抑制狀態。說話的音量和音調也應隨著內容和情緒的變換而變換，時而侃侃而談，如淙淙流水；時而慷慨激昂，似奔瀉的瀑布。在不同聲音段裡，要有高潮、有舒緩、有喜憂，才能引人入勝，扣人心弦。巧妙的利用嗓音來加強語言效果，這是演說家的祕訣。優美的嗓音富有磁性，具有聲樂感，能使人一開口就吸引住對方。至於聲音，除了技術性的修飾之外，重要的在於充滿內在感情以及個性色彩。現代人講究男女平等，男女之間應該是平等的交流。有人認為淑女應該輕啟櫻唇，說話輕聲細語，切忌張大嘴巴。但女性故意遮著嘴說話，故作矜持，卻是不適當的。某些不符合現代觀念的古老禮儀應當摒棄。

人的聲音雖說是先天的，但也離不開後天的訓練與修飾。據說，所有美國總統都曾經受過聲音訓練。

靳羽西在剛開始當電視主持人的時候，也找過幾位語言專家，向他們請教說話的技巧。靳羽西發現，說話的聲音越低越好聽，也越吸引人。

當你完全習慣大聲說話之後，如果你試一試放低聲音，你會發現，你會顯得更有修養，一個低沉的聲音更容易吸引別人的注意力並博得別人的信任和尊敬。

女性應該勤於練習詩歌朗誦。可以選擇較長的文章或詩篇，先根據它斷句的地方、通篇內容及感情，再依據標點，抑揚頓挫、有感情的念出來，但一定要一字一句清清楚楚的念出來，不可太快而含混帶過。剛開始練習時，也許你會覺得很困難，但千萬不要因此而停止練習。每天以十五分鐘為限，久而久之，你的音色就會清亮起來。

練習歌唱。要錄音下來，配合沒有歌詞的純音樂唱片，能夠和你的發聲度互相協調就可以。練習時跟著播放機發音。

你一定有欣賞的播音員、主持人或女明星，甚至周圍的親友，參考她們的聲音與說話方式，作為練習的藍本。有空的時候，對著鏡子練習說話時的表情，更是一舉多得的訓練方法。只要有恆心，你很快就會感覺到改變的效果。

談吐優雅讓氣質油然而生

女人的談吐優雅動人，不僅可以讓眾人頓生仰慕之情，同時也讓自己的氣質油然而生。

談吐是女人的風度、氣質和女性美的組成部分。談吐不僅指言談的內容，而且包括言談的方式、姿態、表情、速度、聲調等。

女性文雅的談吐是學問、修養、才智的流露，是魅力的來源之一。

與人交談，既有思想的交流，又有感情上的溝通。任何枯燥無味、粗俗淺薄的語言，都會使人感到厭惡。如果女人的談吐既有知識、趣味，又不失幽默，並能用豐富的表情和磁性的聲音來表達，那將會讓聽者為之傾倒。

一個人如果只知道化妝打扮，而不懂得如何讓自己的談吐得體優雅，就難免給人留下虛有其表的印象。因此，全面提高自己的個人修養，使自己的談吐更具魅力，是現代女性社交學習的必修課。

談吐與人的性格有關，而影響一個人性格的諸多因素是自己所無法控制的，這就意味著要使自己的言談舉止更具個性魅力，就必須花精力去一步步的歷練自己。

談吐是一個人精神面貌的展現。開朗、熱情的人，會給人一種隨和親切、平易近人、容易接觸的好感。

說話是一個人與其他人交流思想感情的主要形式，有的人不注意自己說話時的形象，不是比手畫腳，就是嗲聲嗲氣，這樣只會讓人生厭。

還有的女人衣著很漂亮，長得也很靚麗，可談起話來卻乏味、粗俗甚至夾雜著髒話，這樣的女人只能讓人反感。很多人在社交時精神過度緊張，總擔心自己的言談有失大雅，引來眾人的非議，不知不覺中表情、動作都變得十分僵硬，這樣更適得其反。因此，與人交談時應神情放鬆，既要保持自己的特點，又不要故意矯揉造作。

切莫忽視了稱呼

對別人如何稱呼，似乎是件極簡單的事。但若你留心現代人的稱呼名目的複雜，就會明白，一個適宜得體的稱呼，常會發生微妙的作用，而且不會因錯用而造成不愉快的事情。

對男人的稱呼，比較單一，一般都稱先生。可對女子的稱呼，就要兼顧身分了。一般稱已婚的女子，用夫姓稱太太；如果她的身分地位較高，則稱夫人較為妥當；對未婚的女子，可以稱其小姐；對老師的太太，一般稱師母，這樣才能表示尊敬。

稱呼一個不明底細的女子，用「小姐」較於貿然的稱她「太太」要禮貌得多，無論她是十六歲或六十歲。寧可讓她微笑的告訴您她是「太太」，也不可使她憤怒的糾正您說她還未婚！

有些女子，雖然已婚，但仍然不高興冠上丈夫的姓，而願意別人叫她某小姐。因此，在拜訪她之前您最好先調查清楚，以免誤事。若有人在旁介紹，則應依介紹人所用的稱呼方法，不可自作聰明，擅自更改。

前面是一般性的稱呼法。如果要兼顧到對方的職位和身分，則更要謹慎從事。

「先生」兩字是最普通的，甚至可能通用到去稱呼高級的軍政長官，當您覺得沒有稱呼他的職銜的必要時，或不知道對方究竟是什麼職銜的時候，這是最恰當的稱呼。

以職銜來稱呼一個軍政長官時，不必叫出對方的姓氏。這一點，需要進出軍政機構的人一定要注意。此外稱主席、部長、縣長等也一概如此。只有在您用「先生」二字來稱呼他們時，姓氏才是必須的。

有些人在幾年前做過局長，現在還喜歡別人稱他作局長。若您要拜訪這樣一種人，先探聽清楚情況為上策。

有人喜歡用綽號去稱呼自己熟悉的人。

綽號有兩種，一種是表示喜愛、友善的，如「鐵榔頭」、「詩人」、「博士」等。這樣稱呼自己的朋友，顯得格外親熱。

另一種是明顯帶有諷刺甚至侮辱意味的，如「鐵公雞」、「傻子」、「十三點」等。用這樣的綽號稱呼自己的朋友是對朋友的極大不尊重。當然，有時長輩為表示對晚輩的格外喜歡，故意反其道而用之，稱晚輩「狗仔」、「傻子」等，這是例外。

稱呼在場的許多人，如果不適宜用「同學」這一泛稱，那麼應按先長後幼、先上後下、先疏後親的次序使用各種不同的稱呼。

學會傾聽

傾聽是交談的要素之一。它作為一種技巧，有哪些方法要領呢？作為一種交流，應注意哪些禮節呢？

1. 集中注意力，真心誠意的傾聽。

人的思維常常運行得很快，往往超過講話的速度。講話的速度約是每分鐘一百二十至一百六十個字，而思考的速度則約是每分鐘四百到六百個字。因此要使自己集中注意力去聽別人講話。

如果你真的沒有時間，或由於別的原因而不能聽人談話，你最好客氣的提出來：「對不起，我很想聽你說，但我今天還有一件事要做。」禮貌的提出來，比勉強聽或者分心不專心更好一些。

2. 要有耐心，不能隨便打斷別人講話。

有些人話很多，或者語言表達有些零散甚至混亂，這時你就要耐心的聽完他的敘述。即使聽到你不能接受的觀點或者某些傷害感情的話，也要耐心聽完。聽完後你才可以反駁或者表示你的不同意。

3. 偶爾的提問或提示可以澄清談話內容，給講話者以鼓勵。

如：「這幾條建議，你認為哪一條最好呢？」「這很有趣，請接著說。」

同樣，你可以適時用簡短的語言，如「是」、「對的」或點頭微笑來表示你的贊同和鼓勵。

4. 適時給予反饋。

反饋就是用自己的語言複述對講話人所表達資訊和情感的理解，這表明你已經聽到並理解了資訊。你可以逐字逐句的重複講話人的講話內容，也可以用自己的語言解釋講話人的意思。比如：「你的話是不是可以這樣概括……」當別人說：「我不喜歡我的老闆，再說，那個工作也很煩人。」你可以用自己的語言解釋：「你對你的工作不太滿意。」

學會真誠的讚美別人

讚美別人是一門藝術，但只要你窺破了它的「祕訣」，你不但能讚美別人，而且還能得到別人的讚美。以下是讚美的「禮節」：

出自真誠，源自真心

人們常常感慨讚美別人難，其實是因為關注自己太多，即使說些讚美別人的話，也不是出自真心。古語說：「精誠所至，金石為開。」只有真誠讚美，才能使人感到你是在發現他的優點，而不是以一種功利性手段去達到讚美的目的。

真誠也把讚美和阿諛奉承區分開來：「很多人都知道怎樣奉承，但很少有人知道怎樣讚美。」讚美具有誠意，阿諛沒有誠意；讚美從心底發出，阿諛只是口頭說說而已；讚美是無私的，阿諛則完全為自己打算。因而人們喜歡讚美而厭棄阿諛奉承之流。

知己知彼，投其所好

讚美別人之前，必須對被讚美者的基本情況了如指掌，比如對方的優點和長處，他的缺點、弱點，還要熟悉對方的愛好、興趣、人品等，這樣才能避免錯誤的讚美。知己知彼，方能百戰不殆。

金無足赤，人無完人，人有優點，也必有缺點，這才構成一個有血有肉的真實的人。了解一個人的弱點，才能利用對方的弱點，用其弱點的反向去讚美他，實現他心理上的滿足。

性格善良是優點，但有時難免優柔寡斷。常言說，馬善被人騎，人善被人欺。所以對於一位性格善良又被人利用的經理，你可以這麼說：「經理，你待人寬容大度，菩薩心腸，所以有人用卑鄙的手段連累你，實在對不住天地良心。」

從小事著眼，無「微」不至

常言說：勿以善小而不為，勿以惡小而為之。讚美別人時，要「勿以善小而不贊」。因為凡夫俗子不可能有許多大事值得讚美，千萬不要吝嗇，一定要慷慨的從小事上稱讚別人。

善於從小事上讚美別人，不僅可以給人驚喜，而且可以樹立你明察秋毫、體貼入微的形象。一位服裝店的員工發現新上架的衣服有做工問題，及時把它移走。值班經理讚揚他為公司著想，決定給他加獎金。這位職員受寵若驚，到處稱讚那位經理眼快心細，感覺自己的工作很有價值。

讚美別人的忌諱

一忌太誇張。讚美需要用語言來修飾，但是過度的、太誇張的讚美就會變成阿諛奉承，讓人感覺不到真誠，給人留下虛浮和矯揉造作的印象。丁聰有一次被別人冠以「著名漫畫家、三神童之一……」他聽後就極不舒服，批評說話者給他戴了這麼多高帽子。

二忌陳腔濫調。一些人的讚美言辭中，充滿了陳腔濫調。如久仰大名、百聞不如一見、生意興隆、財源廣進等。一些人在社交場合讚美別人時，只會鸚鵡學舌，說別人說過的話，然而，他們忘了：別人嚼過的肉不香。

三忌衝撞別人的忌諱。幾乎每個人都有自己的忌諱，每個國家和民族都有自己的忌諱。忌諱彷彿是永不結疤的傷痕，每個人都不允許別人侵犯它。

讚美別人千萬不可觸及對方的忌諱，否則，極易造成交際的失敗，引起他人的反感。不要誇獎禿頭的主管：「你真是聰明絕頂。」也不要當著肢體殘缺的人面讚美別人：「我佩服得五體投地。」

掌握說話分寸

在社交中，語言的表達也會給人留下深刻的印象。說話的多少，是否真誠，以及語言風格等等，都在一定程度上表現著你的個性。

談話要有節制，達意抒情，不能令人生厭。愛說話可能表現出你的開朗、誠懇，也可能表現出你缺乏自制力、虛偽。女性的沉默也是一種交際語言，有時會收到意想不到的效果。

請記住黑格爾的話：「少說話，尤其是當有比你強的、陌生的或比你有經驗的人在場的時候。」因為，如果你多說了，你便同時做了兩件對自己有害的事：第一，你顯露並揭發了你自己的弱點和愚蠢；第二，你失去一個獲得智慧及經驗的機會。

可見，女性如能適當運用自己的語言表達能力，就有希望成為社交的中心人物，人們都會被其獨特的個性所吸引。假如你是一位漂亮的女性，它將使你更加美麗，假如你是一位相貌平凡的女性，也因此會增添光彩。

合理使用姿態語言

說話要有吸引力，說話時的身體姿態也很重要。好的身體姿態會為你的語言錦上添花，並讓人產生一種舒適和受到重視的感覺。

注意聆聽的姿態

這是一種非語言交流形式，它表明你做好了聆聽並接受別人談話的準備。此時，你應全神貫注的面對講話人端坐或者站立。站立時，兩腳平行放置，全身重量均勻分布，這表明你穩穩的站著而不是隨時準備抬腳就走。不要交叉雙臂或雙腿，因為這樣會給人以敵視或防備的感覺。商務交談時談話人之間的最佳社交距離為一點五公尺左右。距離太近會使人感到緊張，人一緊張，聽力效率就會下降。

身體前傾

交談時不時將身體稍稍前傾以表示你在專心聽講，這樣使你既保持機警又不失輕鬆的感覺。

說話的音調

說話的音調能表達出你對談話的興趣。如果你小聲咕噥，提高嗓門或者低聲耳語，都會使談話變得更為複雜。透過對男人和女人聲音的研究發現，聲音越低沉，聽者堅持的時間就越長。如果你很關注自己的聲音——高度、聲調、語速、音量等，可以去徵求一下別人的看法或求助於專業人員。

目光交流

目光交流是不用開口便可讓別人知道自己正在聆聽的最好方式。如果你同坐在輪椅上的人講話，你最好坐下來同他的眼睛保持平視。

雙方目光直接接觸時，切記不可死盯著講話的人，直勾勾的盯著人看被認為是威脅或騷擾的行為。

點頭

偶爾肯定的點點頭表示自己對談話內容認可或有興趣，但也不可像雞啄米一樣點頭不止。

只要有可能，多做練習，不斷改進，你肯定能成為一個言語得體姿態優雅有修養的女人。

做一個舌粲蓮花的女人

大多數成功的人都是能言善道的，而不成功的人大多都不怎麼會說話。

如果你學會了怎樣說話，你就能成功。如果你覺得自己已經是一個成功的人，要是你比現在還能說，那麼就會更加成功。

表現出足夠的理解力

我們最喜歡和能理解我們的人說話，因為他們清楚的表達出不只關心你所說的話，也關心你的感覺。當你告訴別人說換了新工作，你希望對方會說：「哦！棒極了！」而不只是一句：「哦，真的嗎？」

表達幽默感

幽默感到處都受到歡迎，在談話中自然也不例外。一條演說的「禁規」是——別扳著臉太久。

不要介意開自己的玩笑，事實上，最擅長與人交談的人往往常說關於自己的小笑話。

擁有自己的談話風格

善於說話的人的一個重要特質，是有獨特的風格，而且溝通起來非常有效。建議你找出讓你感到最自如的說話風格，然後好好的予以發揮。

少說為妙

不管你多能說，總有些時候閉嘴會比說話好。如果你的直覺告訴你少說為佳，那麼還是忍忍吧！

禮貌的向對方說暫停

與他人交談時，隨便中斷對方的談話是不禮貌的，但對於冗長的談話，則可以依據自己和對方的關係、談話的內容、時間、周圍環境等等來判斷是否應該讓對方繼續談論下去。若不得不中斷對方的談話，也要考慮在哪一個段落中斷為好，同時也應照顧到對方的情緒，避免給對方留下不愉快的印象。

1. 直接以「好了，到此為止」這句話中斷對方的談話，但是，這句話僅用於對方的態度很強硬時。
2. 對方談話告一段落時，自己立即介面談自己的看法。
3. 以「現在沒有時間了」「我還有其他的工作」等等理由來中斷對方的談話。
4. 以頻頻看表、打呵欠、伸懶腰，以及擺出一副表示自己已不感興趣的神情，來使對方中止談話。
5. 預先向對方打個招呼。如一見面即向對方表明態度：「請您長話短說，我現在不太方便。」

與人談話十忌

1. 打斷他人的談話或搶接別人的話頭。
2. 忽略了使用概括的方法，使對方一時難以領會你的意圖。
3. 注意力分散，使別人再次重複談過的話題。
4. 連續發問，讓人覺得你過度熱心和要求太高，以至難以應付。
5. 對待他人的提問漫不經心，使人感到你不願為對方的困難助一臂之力。
6. 隨便解釋某種現象，輕率的下斷語，藉以表現自己是內行。
7. 避實就虛，深藏不露，讓人迷惑不解。
8. 不適當的強調某些與主題風馬牛不相及的細枝末節，使人厭倦，感到窘迫。
9. 當別人對某話題興趣不減之時，你卻感到不耐煩，立即將話題轉移到自己感興趣的方面去。
10. 將正確的觀點、中肯的勸告佯稱為是錯誤的和不適當的，使對方懷疑你話中有戲弄之意。

交談中的避諱

世間沒有十全十美的人。凡人皆有長處，也難免有短處。人總是有自尊心的，往往不願別人觸及自己的某些缺點、隱私、不愉快的事等。因此，在人際關係中，講話人須講求避諱。當談話涉及一些敏感的、特殊的事時，應多為對方著想。

1. 生理上的缺陷。說話時都要避開人的生理缺陷，如果實在不得已時，應採取間接表達方式。
   如對跛腳人應客氣說：「您腿不方便，請先坐下。」
2. 家庭不幸。像親屬死亡，夫妻離異等。如果不是當事人主動提及，不宜唐突詢問。
3. 人事的短處。在為人處世方面的短處，不體面的經歷和現狀，這些都是不希望他人觸及的敏感點。

4. 入鄉隨俗。「入境而問禁，入國而問俗，入門而問諱」，這對於社交成敗至關重要。現代國與國之間的人們來往相當密切，各個國家都有自己獨特的諱忌，如果犯了忌，就會使異國朋友不愉快。

跟別人說話，注意避諱，是理解人、尊重人、講文明、有修養的表現。它能避免不愉快的產生，從而使得人人皆大歡喜。

有氣質風度的八個交談技巧

成為一個交談有風度的人，你必須注意以下八個原則：

1. 態度安詳。談話時應泰然自若，落落大方，不應含含糊糊，縮手縮腳。
2. 表情自然。交談時，人的臉部表情最生動，變化也是最大的。說話者的表情受到兩種因素的制約：一是對聽者的態度；二是對所說內容的表達。就對聽者的態度來說，說話人的臉部表情應以微笑為基礎；就內容的表達來說，表情應是內心感情的自然流露。不要矯揉造作，要有分寸感。
3. 動作穩重。善於說話的人，手勢或姿態豐富多彩，不僅可以吸引聽者的注意力，而且可以使說話人把話說得有聲有色。
4. 聲音適度。交談聲響輕重適度，強弱得當，能充分顯示一個人的涵養。因此，交談時既不要聲音低得聽不清，又不要「聲若洪鐘」旁若無人的大聲說話。
5. 語速適中。凡是口齒清楚而合理緩慢的話音，總比連珠炮式的含混詞語容易讓人聽得進去。
6. 語調明朗。說話喃喃，欲說又止，「啊、呃、這個、那個、就是」等口頭禪，都應該注意克服。
7. 神態專注。認真聽取他人講話是交談風度和涵養的一個重要部分。交談時精神渙散，心不在焉，左顧右盼，或面帶倦容，哈欠連天，搔頭摸耳，都會失去對方的尊重。

8. 有所反饋。與沒有反應的人談話就像對著木偶說話。交談時的反饋，可以透過眼神的交流、點頭示意、手勢、言語應對及輕鬆有禮貌的坐勢來進行。

這樣說「不」讓你更具氣質

作為一個女性，在人際交往中需要拒絕別人的情況是很常見的。在工作中有客戶或同事求助於您，在生活中有親朋好友請您幫忙，有異性向您表達愛意等等，而您無法給予他們滿意的結果時，礙於情面不知如何啟齒的情況便時有發生。處理不好的話，會使原本良好的關係遭到破壞，帶來心情不愉快，因此把握好拒絕的藝術便顯得十分重要。如果開始就表現出冷淡的態度拒絕對方，反而會使對方不能善罷甘休。雖然沒有別的意思，只不過是拒絕罷了，但是已經使彼此間的人際關係產生了裂縫。

拒絕的方法應謹慎注意，可是怎樣做才是最好的呢？

盡量說些比較婉轉的話，以減少反感。

突然說「不行」、「辦不到」，斷然的拒絕對方，有可能會引得對方產生「難道沒有別的表達方式了嗎」的感慨。

明確的說出「不」

有的人認為斷然拒絕對方會造成現場氣氛的不愉快，所以就表現出曖昧不明的態度。這樣反而會讓對方覺得有所期望，而如果在後來被拒絕時，就會產生很大的反彈。所以一開始就應該明確的表示「我不能答應您」。特別是由於各國的習慣不同，曖昧不明的態度往往很容易引起不必要的誤解。

告訴對方他可以理解的理由

為什麼要拒絕他，在對方可以理解的前提下，告訴他我們的理由，盡量表現出我們的誠意。如果對方認為是無理的藉口或理由，則要拿出具體的事物來證明給他看。

提出替代的方案

即使不能完全答應對方的要求，但有些部分卻是我們可以做到的。因此，如果有替代方案的話，可以提出來，這樣，不僅比較容易拒絕對方，也可以減少對方的不滿。然後再根據討論結果，雙方各退一步。

蜜蜂只要刺一次人就會死亡，所以蜜蜂僅有這一次機會，再也沒有以後，但是，人不是這樣。有的人因為沒有慎重的拒絕對方，而蒙受重大損失；也有人技巧性的拒絕了對方，反而加強了兩人的互信程度。所以，如果僅僅是被眼前的東西沖昏頭腦，草率行事，事情也許就會朝著意想不到的方向發展。

第六章　氣質與禮儀

——讓你的優雅氣質閃亮登場

現代禮儀的黃金原則

遵守的原則

在交際應酬之中，每一位參與者都必須自覺、自願的遵守禮儀，用禮儀去規範自己在交際活動中的言行舉止。任何人，不論身分高低，職位大小，財富多寡，都有自覺遵守、應用禮儀的義務，否則，就會受到公眾的指責。

自律的原則

禮儀規範由對待個人的要求與對待他人的做法兩大部分構成。對待個人的要求即自律，是禮儀的基礎和出發點。學習、應用禮儀，最重要的就是要自我要求、自我約束、自我控制、自我對照、自我反省、自我檢點。

敬人的原則

在禮儀的兩大構成部分中，有關對待他人的做法這一部分，比對待個人的要求更為重要，這一部分實際上是禮儀的重點與核心。而對待他人的諸多做法之中最要緊的一條，就是要敬人之心常存，處處不可失敬於人，不可傷害他人的個人尊嚴，更不能侮辱對方的人格。掌握了這一點，就等於掌握了禮儀的靈魂。

寬容的原則

寬容是指人們在交際活動中運用禮儀時，既要嚴於律己，更要寬以待人。要更多的容忍他人、體諒他人、理解他人，千萬不要求全責備，斤斤計較，過分苛求，咄咄逼人。

平等的原則

禮儀的核心點，即在尊重交往對象、以禮相待這一點上，對任何交往對象都必須一視同仁，給予同等程度的禮遇。不允許因為交往對象彼此之間在年齡、性別、種族、文化、職業、身分、地位、財富以及與自己的關係親疏遠近等方面有所不同，厚此薄彼，區別對待，給予不同待遇。但允許根據不同的交往對象，採取不同的具體方法。

從俗的原則

由於國情、民族、文化背景的不同，必須堅持入鄉隨俗，與絕大多數人的習慣做法保持一致，切勿目中無人、自以為是。

真誠的原則

在人際交往中運用禮儀時，務必誠信無欺，言行一致，表裡如一。只有如此，自己在運用禮儀時所表現出來的對交往對象的尊敬與友好，才會更好的被對方理解並接受。

適度的原則

要求在應用禮儀時，為了保證取得成效，必須注意技巧及其規範，特別要注意做到把握分寸，認真得體。當然，運用禮儀要真正做到恰到好處，恰如其分，只有勤學多練，積極實踐。

美，是一種整體的感受——亭亭玉立的站姿

亭亭玉立是一種挺拔而不僵直、柔媚而又富於曲線的姣美姿態，展示了女性形體的線條美，展現了女性的端莊、穩重和大方，給人嫻靜、含蓄、深沉的美感。

美，是一種整體感受。再絕倫的容貌，再標準的身材，如加上一副萎靡不振的姿勢、粗俗無禮

的舉止，那美就無從談起了。

站立是生活中最基本、最常用的姿勢，站姿是生活中靜態造型的動作，女性站立的姿勢美與不美，直接關係到女性的形象是否優雅。

因此，作為現代女性，在社交活動中，站立不僅要挺拔，而且要雍容典雅，這樣才能成為美的使者。站姿優雅並非可望而不可即，只要你掌握優美站姿的要領、方式，並注重培養與訓練，那麼你就會亭亭玉立、楚楚動人。

優美站姿的要領有以下幾個方面：

1. 抬頭，頸挺直，雙目向前平視，下頜微收，嘴唇微閉面帶笑容，動作平和自然。
2. 雙肩放鬆，內氣向下壓，身體有向上的感覺，自然呼吸。
3. 軀幹挺直，直立站好，身體重心應在兩腿中間，防止重心偏移，做到挺胸、收腹、立腰。
4. 兩臂放鬆，自然下垂於體側，手指自然彎曲。
5. 雙腿立直，保持身體正直，膝和腳後跟要靠緊。

這是站姿要領，同時也是基本站姿。當腿和手的姿勢略有變化時，如站「丁」字步，雙手在體前自然交叉等，仍不失女性之優雅。

正確優美的站姿會給人們挺拔秀美、莊重大方、精力充沛、信心十足和積極向上的印象。比如：在正規場合、工作場所中的規範站姿，要求肩線、腰線、臀線與水平線平行。全身對稱為主，目光直視，所表達的是一種坦誠的、謙和的、不卑不亢的姿態。

這種訓練有素的正式站姿會逐漸形成自己的風格而影響到日常的生活。如果長久堅持，就會養成良好的習慣。

隨意性站姿如果展現得好，也會讓人頓生讚美之情。

美，是一種整體的感受——亭亭玉立的站姿

隨意站時，須注意的是頭、頸、軀幹和腿保持在一條垂直線上。或兩腳平行分開，或左腳向前靠於右腳內側，或雙手交叉，或將一隻手垂於體側。

這種隨意站姿有時是一種性情的站姿，有時是表達一種淑女的含蓄、羞澀、收斂的體態。微微含胸、雙手交叉於腹前，手微曲放鬆，有時表達了一種性感女性的曲線之美。傾斜的肩、分開的腳、突出的胯，無論從哪個方向來看都會給人一種美感。

表演性站姿是一種藝術性、表現欲望極強的站姿。其姿態在表達情感上最為生動，有時甚至會造成一種藝術誇張的效果。

在舞台上、藝術攝影中常常可以見到這種站姿。頭斜放，頸部被拉得修長而優美，一手叉在腰上，腳左右分開，重心在直立腿上。這是在向人們展示一種自信的美，一種藝術的美。

優美站姿不是與生俱來的，需要後天的培養與訓練。下面介紹兩套優美站姿的訓練方法，供你選擇。

單人訓練法

背靠牆，腳跟離牆三公分，臀、肩及頭貼著牆，用力吸氣、收腹，腹部肌肉有力縮回，使腰背貼牆。每次堅持訓練十五～二十分鐘。

雙人訓練法

兩人為一組，背靠背站立，要求兩人腳跟、小腿、臀部、雙肩、後腦勺都貼緊，每次訓練堅持十五～二十分鐘。

要使身體的形態具備美感，反覆訓練比什麼都有效。當然，三天打魚兩天晒網，絕不會收到較好的效果，貴在堅持！

掌握了優美站姿的要領、方式、訓練方法還不夠，影響站姿優雅的一些禁忌也很重要，如果不注意這些禁忌就會功虧一簣，永遠也擺脫不了俗氣的怪圈。

在與人交往中，站姿過於隨便，伸脖，塌腰，聳肩，脊部彎曲或不停顫抖，身體歪斜，兩腿叉開距離過大，雙臂交叉或雙手扠腰等，對於優雅女士而言，都會給人留下太俗的感覺，從而影響到人際交往。

所以，要做一個儀態優雅的女性就要從最基本的站姿做起。

行雲流水般優美的步態

中國古代女人「三寸金蓮」所展現出的柳步，現代女人穿高跟鞋所傳遞的性感氣息，女模特們在台上走的貓步等等，都是對美進行的表述。所以說，步態展現著女性特有的魅力，是一種無聲的語言，它表達著美的體驗。

綜述古今美女的步態要領便是：輕盈快捷，快抬腳，邁小步，輕落地。使人感到她們如一縷輕柔的春風，妙不可言。行走時，男女有一定區別：男子步履雄健有力，走平行線，展示剛健、英武的陽剛之美；女子步履輕盈，嫻靜，步伐略小，走直線，展示出溫柔、嬌巧的陰柔之美。

每一個女人都渴望擁有行雲流水般優美的步態，款款輕盈之中透露出女性高雅、溫柔、端莊之美，而典雅的柳步，則更添女性賢淑溫柔的魅力，展現身姿的風采。

走出輕盈的步態要注意以下幾個方面：

1. 以腰帶動腳，重心移動，以腰部為中心。
2. 頸要直，雙目平視，下頜向內縮，面帶微笑。
3. 上半身保持正直，腰部後收，兩腳平行。

行雲流水般優美的步態

4. 膝蓋伸直，腳跟自然抬起，兩膝蓋互相碰觸。
5. 有節奏的走路，肩膀放鬆，手指併攏。

如果你走路時能注意上述要點，你就能在行走中達到美的展現，並時刻洋溢著青春的魅力。

女性的步姿有時因著裝和場合的不同，而有著不同的表現方式。

直線步姿。行走時，應昂首挺胸，收腹直腰，兩眼平視，肩平不搖，雙臂自然前後擺動，腳尖微向外或向正前伸出，行走時腳跟成一直線。

行走的姿勢極為重要，行走邁步時，腳尖應向著正前方，腳跟先落地，腳掌緊跟落地。走路時要收腹挺胸，兩臂自然擺動，節奏快慢適當，給人一種矯健輕快、從容不迫的動態美。

走路時的步態美與不美，是由步度和步位決定的。如果步度和步位不合適，那麼全身擺動的姿態就失去了協調的節奏，也就失去了自身的步韻。

步度，是指行走時兩腳之間的距離。步度的一般標準是一腳邁出落地後，腳跟離另一隻腳腳尖的距離恰好等於自己的腳長。

步位，是腳落地時應放置的位置。

步韻也很重要，走路時，膝蓋和腳踝都要富於彈性，肩膀應自然、輕鬆的擺動，使自己走在一定的韻律中，才會顯得自然優雅。

當你身穿旗袍或西裝裙以此走姿行走時，則給人以輕盈、柔軟、飄逸、玲瓏之感，宛如仙女下凡一般。這樣的步態，如果再加上優雅的氣質，絕不會亞於王昭君，說不定還能超過趙飛燕！

高跟步姿。當你穿上錐尖跟的高跟鞋時，你會感覺胸部挺起，腹部內縮，整條腿向後傾斜，腰明顯塌下去，臀部自然翹起，小腿也變得飽滿起來，腳背曲線圓潤。於是，女性的曲線美得以實現，宛如夢露，又不亞於麥當娜。

此步態要領是昂首，挺胸，收腹，上體正直，目視前方，雙臂自然擺動，步姿輕盈，顯示了女性溫柔、文靜、典雅的窈窕之美。

舞台步姿。猶如模特的走姿，給人以強化其肢體的美感。大幅度的兩手擺動乾淨俐落，具有鮮明節奏感的腳步，給人以充滿朝氣、體態輕盈之感。

總之，走姿千姿百態，沒有固定模式，或矯健輕盈，或精神抖擻，或莊重優雅。只要與場合、情景相協調並能表現自己個性的步態，那就是美的。

只要不是腿有殘疾，人人都會走路，但並不是人人都能走好。女性的優美走姿與站姿一樣，同樣需要培養與訓練，方能擁有。

在現實生活中，一些走姿不僅有失大雅，而且顯得缺乏禮儀和修養。比如：內八字和外八字；彎腰駝背、歪肩晃臀、頭部前伸；身體左右搖擺或搖頭晃肩，扭腰擺臀，左顧右盼；腳蹭地面，上下顫動；手臂左右式的擺動；步度誇張等等都屬女性走姿的禁忌。

溫文爾雅的坐姿

女人坐得端正、穩重、溫文爾雅，是吸引眾人目光的一種有效方式。從某種程度上說，坐姿如何，也是影響社交的一大要素。

坐是以臀部作支點藉此減輕腳部對人體的支撐力，坐能維持人們較長時間的工作，也是人們日常生活、社交中最常用的姿勢之一。因此，端莊、優雅、舒適的坐姿很重要。而且良好的坐姿對保持健美的體型也大有益處。

那麼什麼樣的坐姿可使女性端莊、優雅、落落大方呢？

1. 面帶笑容，雙目平視，嘴唇微閉，微收下頜。

溫文爾雅的坐姿

2. 立腰、挺胸，上身自然挺直。
3. 雙肩平正放鬆、兩臂自然彎曲放在膝上，亦可放在椅子或沙發扶手上，掌心朝下。
4. 雙膝自然併攏，雙腿正放或側放，雙腳併攏或交疊。
5. 談話時，可以有所側重，此時上體與腿同時轉向一側。

優雅的坐姿與優雅的站姿一樣，關鍵在於腰部。不論怎麼坐，腰部始終應該挺直，放鬆上身，保持端正姿勢。

在社交場合中，坐姿要與場合、環境相適應。

平時坐在椅子上，身體可以輕輕貼靠於椅背，背部自然伸直，腹部自然收緊，兩腳併攏，兩膝相靠，大腿和臀部用力產生緊張感。

與客人談話時椅子坐得很淺，就顯得你比較拘束。以腳用力著地來平衡身體，時間稍長就會覺得酸。這樣坐背部微駝，下巴突出，體態也不美。

你不妨一開始就坐得深一些，然後背部保持直立，膝蓋併攏，這會使你顯得優雅而又從容。

在社交場合，很多人坐下來的時候喜歡將腿架起來，這一般被認為是很粗俗無禮的坐法。如果已成習慣，那一定要注意架腿方式：收攏裙口，遮掩到直至膝蓋以下部分。支撐的腳不要傾斜，雙腿內側靠近，大腿外側收緊。雙手自然搭在腿上。這樣還稱得上是優雅，能產生自然的美感。

坐沙發時不要坐得太深，可以將左腿蹺在右腿上，兩小腿相靠，雙腿平行，顯得高貴典雅。但不宜蹺得過高，不能露出襯裙，這有損優雅形象。

也可以雙腿併攏，讓雙膝緊靠，然後，將膝蓋偏向與你講話的人，偏的角度視沙發高低而定。但要以大腿和上半身構成直角為原則，以表現女性輕盈秀氣的陰柔之美。

優雅坐姿另外的一種坐法是雙膝併攏，兩腿盡量偏向後方，讓大腿和你的上半身構成九十度以上的角度，再把左腳從右腳外面伸出，使兩腳的外線相靠。這樣你的身形便成一個S形，雅致而優美。

以這種姿態而坐的女性一般是完美主義者，極重視自我的完美，追求每一部分每一個細節的優雅，真正做到了無懈可擊。

在正式場合的坐姿尤為重要。如果坐姿完美，在展現優雅的同時，也會取得對方信任的目光。坐時應使膝蓋與腳跟併攏，雙腳垂直向下，背脊伸直，頭部擺正，注視著對方。

這種坐姿可用於面談之類的正式場合，可給對方一種誠懇的感覺。但也不要雙膝並得太緊，一動不動，這樣會使你顯得呆板、缺乏活力，使氣氛缺乏和諧感。

入座和退座的姿態也直接影響到坐姿優雅的程度。入座時，應輕、緩、穩，動作協調柔和，神態從容自如。正確的做法是：走到椅子前，轉身背對椅子平穩坐下，若離椅子較遠，可用右腳向後移半步落座。

女子入座時，應嫻靜、文雅、柔美，若穿裙子則應注意收好裙腳。一般應從椅子左邊入座，起身時也應從椅子左邊站立，這是一種禮貌。

如需要挪動椅子的位置，應當先把椅子移到要坐的位置，然後坐下。坐在椅子上移動位置，是缺乏禮儀素養的。

落座後，應雙目平視，嘴唇微閉，面帶微笑，挺胸收腹，腰部挺起，重心垂直向下，雙肩平正放鬆，上身微向前傾，雙手自然放在雙膝上，雙膝要併攏。

雙腳一腳稍前、一腳稍後也十分雅觀。兩臂曲放桌子上或沙發兩側的扶手上，掌心向下。坐椅子時，一般只坐滿椅面的三分之二，脊背輕靠椅背。坐久了，可以將身體略為傾斜，頭面向主人，雙腿交叉，足部重疊，腳尖朝下，斜放一側，雙手交叉，放在膝上。

若是著西裝裙的女子，最好不要交叉兩腳，而是並靠兩腳，向左或向右一方稍傾斜旋轉。站起時，右腳先向後收半步，然後站起。

半躺半坐、前仰後傾、歪歪扭扭、兩腿伸直蹺起或雙腿過於分開、蹺二郎腿並顫腿搖腿、將兩手夾在大腿中間或墊在大腿下、用腳勾著椅子腿、腳放在沙發的扶手上等等，這些俗不可耐的坐姿給人以輕浮、缺乏修養的印象。這不僅會使你失去優雅的美稱，而且還會落得無禮的罵名。

初到朋友家去，不要一開始就靠在椅背上，或者很深的陷靠在沙發中。前者顯得傲慢無禮或太隨便；後者則給人一種精神萎靡、缺乏生氣的感覺。坐時要安詳，自然的過渡到靠坐，長時間直坐之後，調整一下身體以坐得舒適點，這是自然的事，這並不影響儀表美。

和朋友同坐一張沙發時，疊腿的姿勢應該雙方一致，均向內，最好是雙腿併攏略略向朋友坐的一方傾斜，身體保持一定的彈性，調整臀部，略微側身，顯出親切和藹的姿態。

容貌和身材是天生的，但坐相卻是後天養成的，坐相不雅就會直接削減美的效應。因此，生活中的女性在社交場合中，要十分注意自己的一舉一動，時時注意約束自己，嚴格要求自己，在潛移默化之中漸漸養成優雅的坐姿。

合理恰當的蹲姿

在公眾場合，人們從低處取物或俯身拾物時，彎腰曲背，低頭撅臀，或雙腿敞開、平衡下蹲，尤其是穿裙子的女士下蹲兩腿敞開，在國外被視為「廁所姿勢」，既不雅觀，更不禮貌。從儀表美角度講，怎樣做才文雅大方呢？這就不能不研究一下蹲姿。

蹲姿類似於坐，但它並非臀部觸及座椅，蹲姿又有些類似於跪，但它又不是雙膝同時著地。在有必要採用蹲姿時，一定要做到姿勢優美。以下幾種蹲姿可供借鑒。

高低式

其主要要求是下蹲時，應左腳在前，右腳靠後。左腳完全著地，右腳腳跟提起，右膝低於左膝，右腿左側可靠於左小腿內側，形成左膝高右膝低姿勢。臀部向下，上身微前傾，基本上用左腿支撐身體。採用此式時，女性應並緊雙腿，男性則可適度分開。若撿身體左側的東西，則姿勢相反。這種雙膝以上靠緊的蹲姿在造型上也是優美的。

交叉式

交叉式蹲姿主要適用於女性，尤其是適合身穿短裙的女性在公共場合採用。它雖然造型優美但操作難度較大。這種蹲姿要求在下蹲時，右腳在前，左腳居後；右小腿垂直於地面，全腳著地。右腿在上、左腿在下交叉重疊。左膝從後下方伸向右側，左腳跟抬起腳尖著地。兩腿前後靠緊，合力支撐身體。

半蹲式

半蹲式蹲姿多為人們在行進之中臨時採用。它的基本特徵，是身體半立半蹲。其主要要求是在蹲下之時，上身稍許下彎，但不宜與下肢構成直角或者銳角。臀部務必向下。雙膝可微微彎曲，其角度可根據實際需要有所變化，但一般應為鈍角。身體的重心應當被放在一條腿上，而雙腿之間卻不宜過度的分開。

半跪式

半跪式蹲姿又叫做單蹲姿。它與半蹲式蹲姿一樣，也屬一種非正式的蹲姿，多適用於下蹲的時間較長，它的基本特徵，是雙腿一蹲一跪。其主要要求是下蹲以後，改用一腿單膝點地，以其腳尖著地，而讓臀部坐在腳跟上。另外一條腿應當全腳著地，小腿垂直於地面。雙膝必須同時向外，雙腿則宜盡力靠攏。

無論採用哪種蹲姿，女士都要注意將兩腿靠緊，臀部向下，使頭、胸、膝關節不在同一個角度上，以塑造典雅優美的蹲姿。

怎樣佩戴飾品

飾品的佩戴要有品味，佩戴得當，能向他人傳遞某種不可言傳的美妙，也顯現了佩戴者的愛好與修養，對此雖然不必完全循規蹈矩，但在人際交往中不可不慎。

戒指通常應戴於左手。左手食指上的戒指代表無偶求愛；戴在中指上，表示正處在戀愛之中；戴在無名指上，表示名花有主，佩戴者業已訂婚或結婚；而把戒指戴在小指上，則暗示自己是位獨身主義者，將終身不嫁（娶）。在不少西方國家裡，未婚婦女的戒指是戴在右手的中指上，修女則把戒指戴在右手無名指上，這意味著將愛獻給上帝。一般情況下，一隻手上只戴一枚戒指，戴兩枚或兩枚以上均不適宜。

手鐲和手鍊的佩戴講究相仿。已婚者應將之佩戴在自己的左腕或左右雙腕同時佩戴；僅戴於右腕者則表示自己是自由不羈的人。一隻手上不能同時戴兩隻或兩隻以上的手鐲或手鍊。

項鍊、耳環、胸花的佩戴因人而異。總的來說，除揚長避短外，只要不過度耀眼刺目就行了。

送花有學問

送花應掌握的知識有：

禮品花的種類

常見的禮品花有盆花、庭園花、瓶花、襟花、花籃和花圈六種。

送花的學問

迎送親友客人宜送紫藤花，夜夜含苞、朝朝開放，表示熱情好客；迎接英雄勞模宜送紅棉花；戀愛時應送紅玫瑰和紅薔薇；南宋詩人陸游與唐婉的愛情故事中稱秋海棠為「斷腸紅」、「相思紅」，故秋海棠表苦戀、苦苦追求；求婚送一束玫瑰，同意回贈玉蘭；夫妻合好送百合花；拒絕求愛送康乃馨。

西方花語	
刺玫瑰——優美	四葉丁香——屬我
白百合花——純潔	紅鬱金香——宣布愛情
紅茶花——天生麗質	黃鬱金香——愛的絕望
墨桑——生死與共	豆蔻——別離
白茶花——天真	紅康乃馨——傷心
藍紫羅蘭——誠實	野丁香——謙遜
野葡萄——慈善	黃康乃馨——輕蔑
紫藤——歡迎	檸檬——摯愛
薄荷——有德	水仙——尊敬和自愛
翠菊——追念	白菊花——悲傷
杜鵑——節制	杏花——疑惑
雞冠花——愛情	蘭花——熱情
大麗花——不誠實	百合花——莊重和尊敬
萬壽菊——妒忌、悲哀	石竹——奔放和幻想
白丁香——念我	牡丹——拘謹和害羞

禮品的選擇

饋贈之前，要對禮品進行認真選擇，第一件事就是考慮對方有什麼愛好、興趣和禁忌；其次要考慮送禮的原因和目的，盡量使禮品恰如其分；同時送禮不可太貴重，過於貴重的禮品易使對方產生不安，有行賄之嫌，總覺得背負你的「人情債」，就事與願違了。最後還得注意禮品的包裝。

下面針對不同受禮對象介紹有關禮品的選擇：

結婚禮物

注意要等收到對方的請柬或通知後再攜禮登門祝賀；禮品宜以家庭用品、床上用品、餐飲具或字畫等工藝品為好，也可事先徵求主人意見再選購；如果用金錢代替禮品，可在封套上寫明「賀儀」等字以示莊重。

生子禮物

可送嬰兒用品，如衣服、鞋帽或玩具、食品、生肖紀念章等，也可送產婦滋補營養品等。

生日禮物

父母長輩生日做壽，可送壽聯、壽糕或營養品、衣服布料等，夫妻生日可送鮮花、化妝品、飾品、領帶等禮品，朋友生日可送賀卡、工藝品、學習用品、鮮花、影集等小物品。

節日禮物

春節送臘味、禮盒，端午節送粽子，中秋節送月餅，情人節送玫瑰花等等。

病喪禮物

探望生病的親友，應攜帶一些適宜病人食用的食品，如滋補品、飲料、水果等，也可送鮮花，但在送水果時要根據病情來選購。喪禮中可送花圈、輓聯或「帛金」（即金錢），如送物品應以不留紀念的一次性易耗品（如酒、食品等）為原則。

遠行禮物

畢業升學遠行時，可選擇書籍、學習用品、生活用品等禮品。

遷居禮物

喬遷之喜以對聯、字畫、鏡屏、工藝品、家庭裝飾品為禮最佳。

回禮

接受禮物時應眼睛注視對方，雙手捧接，口頭致謝，並表情欣喜，接過禮物後一般不應打開欣賞，尤其是包裝禮品不僅不能當場撕開，也不能隨手亂放。「禮尚往來」，回贈的時間可以選在客人離開時、隔一段時間登門回訪時或以後喜慶日子。不能受禮時即回禮，要注意語句表達，不能過分傷害對方自尊心。

求職面試禮儀

首先要設法了解你希望就職的那個公司或單位盡量多的情況。其次，要盡可能全面的了解你自己，應認真考慮一下你究竟想在業務上做點什麼名堂，該工作是否有助於實現個人目標，還應想一想透過何種途徑可以證明你以前的經歷能使你勝任未來的工作。並且記住以下建議：

1. 準時赴約，切不可讓接見你的人等候。

2. 要等接見者請你就座時才能按指定位置入座，一般以對面為佳，並注意端正坐姿。
3. 服飾打扮要端莊，衣著要整潔，頭髮要梳理，皮鞋要擦亮。
4. 不要結伴前往面試，即使公司要招聘多人。
5. 帶上個人簡歷、證件、介紹信或推薦信等必要的材料，見面時，一定要保證不用翻找就能迅速取出所需材料。
6. 講話時要充滿自信，回答提問盡量詳細，但不要展開發揮，要按接見者的話題進行交談，大膽詢問有關未來的工作。
7. 及時告辭，有些接見者以起身表示面談的結束，另一些人則用「同你談話我感到很愉快」或「感謝你前來面談」這樣的辭令來結束談話，對此，面試者應十分敏銳，及時起身告辭。
8. 要有禮貌，面試過程中應始終遵守禮儀準則，告辭時應同接見者握手，面帶微笑的表示感謝，還應向外間的祕書道謝，面試後寫一封感謝信給接見者，不僅禮貌，還可加深印象。

辦公室女性必知禮儀

不少人的大部分時間是在辦公室裡度過的，辦公室裡不僅有工作，還有許多的同事與人際交往，而每一個人又都希望自己在事業上有成就，在單位裡受人歡迎，這一切的建立離不開禮儀。

要樹立整潔、端莊的個人禮儀形象

如果單位有統一著裝，那麼無論男女，上班時間應盡量穿著工作服。如果沒有統一著裝，在辦公室上班宜選較為保守的服裝，男士以西裝為主，女士著裝要美觀大方，不要過於奪目和暴露，也不要濃妝豔抹，可化職業淡妝，上班期間把自己打扮得分外妖嬈、魅力四射的女性是會產生很多負面效應的。男士穿西裝要打領帶，夏天時要注意不能穿拖鞋、短褲、背心，甚至赤膊出現在辦公室。

休閒裝、運動裝、旅遊鞋適合於郊遊、室外活動，不適宜於辦公室。

在辦公室上班要做到「六不」、「四要」

「六不」：不對他人評頭論足；不談論個人薪資；不要諉過給同事；不做兼差；不接聽私人電話；不打聽探究別人隱私。「四要」：辦公室衛生要主動整理；個人桌面要整潔；同事見面要問好；辦公室來人要熱情接待。

第七章　氣質與個性——有獨特性才有好氣質

舞動個性之美

一個女人只有表現出與眾不同的個性，才能符合現代潮流的審美標準，成為一名別具品味的「俏佳人」。

現代女性都希望自己活得瀟灑，活得快樂。在這種欲望的引導下，女人不是變得越來越失去個性，而是個性越來越突出，她們總是根據自己的特點，去尋找恰當的個性，以求獲得真正屬自己的生活品味。顯然，一個現代女人必須要有個性氣質，才能贏得大家的青睞，才能發現自己美在何處。假如一個女人失去個性，必然會變得與眾人沒有什麼不同，即使你的外表多麼美麗，也只能是一種裝飾。通俗的講，就是「花瓶」。

現代女性之所以在個性追求方面發生觀念上的重大變化，就在於「花瓶效應」不能一勞永逸；要想創出一種屬自己的個性來，必須要突出和豐富自己的個人魅力。甚至有人說，女人之美完全在於個性。

看看周圍吧！有許多女人非常羨慕那些已經成功的女人，看到她們光彩照人，每到一處都能產生「明星效應」，心裡真是佩服至極。實際上，這種心理沒有什麼不對，也是每一位在尚未成功之前的女人具有的正常心理。女人成功的背後都與個性有關，她們在個性方面充分發揮了自己的特長，塑造了自己完美的形象。

什麼是個性呢？

個性就是個人獨有的品味和氣質。譬如說，你遇到任何事情，都能坦蕩大方，都能相信自己能夠解決好，不像有的人遇到重要的事，就會手忙腳亂，不知該怎麼辦，相比之下，你就具備了個性魅力。同樣，有些人看上去美如天仙，但就是缺少那麼一點文化品味，只能是浮淺的談論事理，這樣就會讓人覺得缺乏內涵，與許多漂亮的時髦女性沒有什麼區別，不免讓人遺憾。相反如果你能恰當的融

舞動個性之美

入談話的氛圍之中去，機智的表現自己的才能、智慧和幽默，給人一種與眾不同的感覺——具有很好的文化素養和睿智的談話技巧，那麼你的個性也就表現得淋漓盡致，讓大家讚不絕口。所以說，沒有個性的女性，不可能成為一名真正的美麗佳人。只有具備了獨特的精神氣質，才會成為一名令人羨慕的美女。

在生活中，有許多女性僅僅懂得從外表上打扮自己，穿戴得一身寶氣，流光溢彩，但還是不能與那些有品味的女人相媲美，問題出在什麼地方呢？就在於不懂得從培養自己的個性入手，只是徒有其表。事實上，對於一個女人來說，美麗並非全部屬外表，而是屬獨特的個性。因此，個性之美是現代女性突出自己形象特點的重要方法。

美國著名女性形象設計大師雅賓．科利絲在《女性的個性與形象》一書中說：人的個性問題說起來非常簡單，實際上它卻是一個人提高自己生活品味的難題。因為個性的培養，不是一朝一夕的事情，而是一個人長期的精神氣質、行為方式、情感特徵的綜合表現。離開個性，一個人就會流於庸俗，更不可能出類拔萃。作為現代女性，應當知道漂亮的服裝是可以花錢買到的，而個性則不然。個性取決於自己的言行舉止是否具有品味，是否具有能夠吸引人的精神面貌。美麗是可愛的，但是如果培養出一種真正的個性之美，那麼你的形象之美就會更加與眾不同。

當你明白個性之美與形象之美的關係以後，不妨從自己的個性上尋找美麗形象的基因，或許你會收到意想不到的效果。的確，個性是魅力的基因，是更深層次的形象設計問題。你不妨這樣做一下：

1. 根據自己的性格，去領悟一位真正有品味的、出名的女性美的氣質；
2. 抓住自己的特長，例如自信、大方、機智，在適當的場合加以表現，看一看周圍人的反應；
3. 去分析一下自己身邊徒有外表之美的女性，想一想她們到底能夠給自己的人生帶來多少亮點；

4. 思考一下「個性之美」與「自我形象」的關係，從個性設計方面出發為自己設計形象，也許會有驚奇的發現。

請記住，不要做外表重複的美女，要做個性不同的女性，只有這樣，你才能讓自己的人生與美麗相伴，這是現代女性美的真諦。

保持你的個性獨立

一個女人，不一定非得擁有雄厚的財富和出眾的美貌，或是過度以才貌作為獨具個性的標準來苛求自己。換句話說就是，人不可能天生就有個性獨立的自我感覺，但是，這種感覺卻可以透過日常的生活來學習、體驗和掌握。

個性獨立是一種生存意識，是一道放射著自主精神的光芒，它可以使你通體洋溢著生命的輝煌。如果你不是一個美麗的皇后，那就聽其自然，因為你永遠不可能取得養容駐顏或青春常在的大學文憑，也不可能總是趕得上時尚的潮流。你要始終確信自己有足夠的能力。你應當比那些已經獲得工商管理碩士學位或是在銀行有著大筆存款的女人具備更多的自信。你無需卑躬屈膝，也不必冒失唐突或者焦慮不安。你不必同自己反感的男人約會，你應當相信命運的獎賞和上帝的仁慈：沒有這一位，還會有更棒的。對此你應當堅信不疑！你不必作特意的安排，不必去討好任何人，你相信這個世界上存在著美好的愛情和婚姻，犯不著憤世嫉俗。當某一次戀愛遭受挫折時，你不必立刻墜入精神崩潰的深淵，要不乾脆去參加一個單身男女的交際舞會。你生來就是一個樂天派，拭去淚水，繼續趕路，以免毀壞你化好了妝的面容。當然，這不可能都是你的真實感受，但你不妨盡量去體驗去模仿，直到弄假成真，最終完全進入角色，再也用不著演戲。

比如在約會中，你應當表現得漫不經心，給對方造成一種印象：似乎你是一個不一般的女人。你

保持你的個性獨立

不是咕咚咕咚而是悠閒的啜著飲料，讓他去揣測有關你生活中的種種可能性，而無暇顧及周圍的一切。你回答他的問話，應該簡短且帶幾分嬌嗔，你的手勢應當柔和並充滿女性色彩，當頭髮披落到臉上時，就稍稍向一側仰過頭去，抬手把頭髮輕輕掠向腦後，這是一種極其舒展而優雅的女性姿勢。

你的所有舉動，無論是藉口去廁所或是舉腕看表以示約會告終，都應當是完全出於自然，不帶絲毫的做作或忸怩。以往的那些約會，應該使你成為這方面的內行。而這些都說明你已經學會了照顧自己。

你不必在約會之前沮喪的躺在床上，你可以去吃塊蛋糕，洗個泡沫浴，或是讀一本書，然後調整好自己的身心狀態，比如對自己說「我是個漂亮的女人，我十分優秀」，從而振作起你的精神。約會的時候你只要到場就行了，不必再做其他節外生枝的事情。至於他會不會愛上你這很難說，假如他不再來電話，那也不是你的過錯。你依然美麗，秀外慧中。

如果對比之下你認為自己不漂亮，而別的女孩子穿戴入時，身材修長，神態嫻靜，那麼這些都不是你放棄自信的理由。相反，你應該勸導自己：「任何一個男人得到我都將是他的福分。」直到你自己相信這句話是真的。如果一個男人正在接近你，你可以面帶微笑，十分得體的回答他的問話，但不要講得太多。保持你的嫻靜，再帶點兒神祕，這樣他就會更想多了解一些你的情況。但如果情況正相反，他就會感到厭煩。所以過幾分鐘以後你可以說：「噢，失陪了，我想到附近走一走。」

如果一個男人想和你待在一起，或是向你索取電話號碼，他就會在擁擠的大廳裡反覆搜尋，直至找到你。你不要給他鋼筆和名片，不為他提供這一類的方便。甚至你身上根本就不帶鋼筆和名片，這就使得他沒有辦法再提供這方面的要求。原因就在於必須讓他想辦法來解決這些問題。當他到處竄來竄去，請求其他女孩提供鋼筆時，你就靜靜的站著。

這時候你就會明白，你做的這一切是多麼的有用了。

使你性感迷人的十個妙方

誰說只有美麗、豐滿、野性的女人才性感得起來?最耐人尋味的性感從來都是超越視覺,成之於內而形之於外,靠後天一點一滴的經營與解放。

看過以下的種種性感新主張,你自會更懂得從內至外、從頭到腳去發掘、釋放及表達你潛藏著的性感魅力。

自我觸摸小動作

在各式身體語言中,不經意的自我觸摸正是最叫人銷魂的小動作。如不經意的咬手指、托腮,不經意的把頭髮瀟灑的向後撥、雙手輕輕的捧著臉蛋、無奈時聳聳肩膀,交叉雙手輕撫著肩頭或後頸,以及把手伸到毛衣內等都是些嫵媚的小動作。

添一點醉意

微微的醺醉不但為臉頰添上緋紅、為眼神添上一份迷濛美及柔和美,亦能釋放在辦公室時鎖著的感性與坦蕩之美。

性感特區戴配飾

女人身上有多個性感特區如腳踝、耳垂、肩膀、後頸、手臂等,在腳踝部位帶條小細繩、小腳鍊,在耳垂吊個大耳環或小圓圈,在手臂上帶個臂環,都能讓女人的性感指數明顯上升。

穿高跟涼鞋

女性的腳踝及腳部早已被性學專家認為是重要的性徵。而涼鞋及高跟鞋向來就是女性用以張揚腿部性感的武器。男性喜歡凝望女性穿著涼鞋時裸露的腳踝、穿高跟鞋時更婀娜的姿態,已是女性不甚介意的行為。

牛仔褲貼身穿

從來，十居其九的牛仔褲廣告都是賣弄性感，可見牛仔褲對營造性感的能力。除了賣牛仔褲的模特本身，牛仔褲廣告經常投射的不羈與我行我素的形象，其實某種程度上跟性感都有種微妙的關係。為 Guess、Diesel 賣牛仔褲廣告的模特兒，以及當年為 Levi’s 趴在地上做廣告的鐘楚紅，都是穿了剪裁完美的牛仔褲而讓性感指數倍增的。

擅用眼波流轉

秋水翦瞳與微絲細眼其實都是表達性感的眼神。無論是憂鬱的、迷茫的、飄渺的、懶洋洋的、天真帶笑的或眼中藏著火焰的，只要有神有韻及充滿流盼，眼波便是性感的發源地。

呢喃軟語繞耳邊

法國人之所以被譽為最性感的民族，正是因為法國人表達時充滿感性及跌宕有致，而法語又像一種呢喃軟語，在適當的地方停頓，加強節奏感，並借韻律美，帶領聆聽者漫遊於你的思維裡，這種像叫人與你的思維一起舞蹈的說話風格，不也是一種性感的經驗嗎？

陽光膚色

凝肌勝雪的膚色固然如新鮮樹上熟透的桃子，叫人垂涎，但一身陽光膚色配上健美的身形，何嘗不能散發野性的魅力。

保留性感小痣

你的臉上出現小痣，請不要除之而後快，在適當位置，如耳垂、唇邊附近（尤其是上唇右邊）

與眼角附近的小痣都可以是「美人痣」哩！說來奇怪，本身性感的人，例如名模辛蒂．克勞馥、香港名作家林燕妮等等都在這些部位有顆小痣，以至看來更加銷魂。

率性而為

除非你天生冷豔，不可高攀，否則，不敢或不願外露真我個性，凡事抱不冷不熱、溫吞姿態，又處處約束著情感的女人，大概性感極其有限。而敢愛敢恨、想笑便笑、想哭就放聲大哭，對生命充滿熱情與敏銳的女性會顯得更具性感。

羞澀，最是那一低頭的溫柔

「最是那一低頭的溫柔，像一朵水蓮花不勝涼風的嬌羞。」徐志摩這廣為流傳的兩句詩可謂寫女性嬌羞美的經典之作了。

一提「紅顏」，誰都知道是指美貌女子而不是男子，「紅」字不止於臉部的青春紅潤，更重要的是與羞澀有直接關係。緋紅的羞澀象徵著女性，但它往往稍縱即逝，所以古往今來，女性學會了用胭脂粉飾臉頰，起到了羞澀常駐的效果，有助於強調女性羞澀的氣質美。試想，一位情竇初開的少女，粉頰飛紅，垂目掩面，如初綻之桃花，能不讓人賞心悅目嗎？

歷代文人騷客都注意到了女性的羞澀之美，故有出色的描寫。曹雪芹在《紅樓夢》中寫寶黛共讀《西廂》時，寶玉自比作張君瑞，戲曰：「我就是個多愁多病的身，你就是那傾城傾國的貌。」黛玉聽了桃腮飛紅，眉似顰而面帶笑，羞澀之情躍然紙上。

現代作家老舍認為「女子的心在羞澀上運用著一大半。一個女子勝過一大片話」。不難看出，羞澀也是女性情與愛的獨特色彩。

羞澀之色猶如披在女性身上的神祕輕紗，增加了她們的迷離朦朧。這是一種含蓄的美，是一種柔情的蘊藉。「猶抱琵琶半遮面」、「插柳不讓春知道」的神韻不僅能刺激人的豐富想像力，甚至使人著魔入迷，如痴如醉，同時它閃耀著謙卑的光輝，是一種道德和審美的反射，是一種純真善良的外在表現，有著迷人的魅力。

羞澀是一道醉人的風景，它往往反映了內心的情感變化，而且常常是被異性撥動心弦的反應。有一首詩寫道：「女孩，你那嬌羞的臉使我動心，那兩片緋紅的雲顯示了你愛的純真。」在這裡，一張羞澀的臉，成就了一首美麗的詩。

然而，正像曾經看過的一篇文章中說的那樣，羞澀的女人在現代已經成為稀有化石了，在這個審美迷離的年代，女性越來越開放：加密睫毛、棕櫚海灘色臉頰、烈焰紅唇和野性亂髮。二十一世紀的魅力女性，正變得越來越咄咄逼人。很多女性漸漸的將羞澀同保守和老土畫上了等號，這個時代似乎是一個羞澀沒落的時代。

我們並不是說大方爽朗的女性就不好了，事實上羞澀與大方爽朗也並不抵觸，我們這裡所說的羞澀是指某場合下內心感情的一種真摯的展現，尤其是在同男性交往的時候，如果適時的表現一下你的羞澀，絕對會起到意想不到的結果。

試想一下，如果同自己心愛的人在一起的時候，你因為他一個善意的玩笑或者一句發自內心的讚美而嬌羞滿面，那是一幅多麼美麗的圖畫啊！所以，適當的羞澀是提高你魅力指數的又一法寶，女性朋友千萬不可忽視！

明媚的眼神展示你的風情萬種

目光的威力無所不在，一個女人善用自己的明眸，當可盡顯自己的萬種風情。

媚眼是女人魅力的無聲語言。運用得當，能使人讀懂一顆懷春的心；倘若分寸失度，眼波「飛短流長」，就成了弄巧成拙的敗筆，會讓人誤解你不是一個風月場上的老手就是一個水性楊花的風情女子。如何恰當的將媚眼裡的春色傳達給意中人聽，首先是用眼的時間把握。倘若目光忽閃，一瞬而過，眼光幾乎沒有停留，別人會根本記不住這欲燃即熄的目光接觸，覺得不過是目光的偶爾碰觸。但要是目光黏滯，別人也會因懼怕而逃之夭夭。長也不是，短也不是，瞅也不是，瞟也不是，究竟怎樣的媚眼才算是真正恰到好處的魅力呢？讀一讀下面的文字，也許會對你有所啟迪。

如果你和約會對象接觸不多，一旦分開便再無見面的可能性，機不可失。怎麼辦？

首先應該想到這可能是一場美麗的開始。在短時間裡，你應迅速調整好自己的心態，然後讓自己的目光定格在身邊一些美麗的事物上，比如秀色可餐的花朵、藍藍的天空、朦朧的燈光等。OK，你的心情、目光都調節在最佳的狀態了，你就可以大方的將目光漸漸向他靠攏，然後捉牢他的目光。你要切記，一定不能臨陣脫逃，只有大方的目光才能百發百中，一下穿透他的心。畏縮、小氣的目光註定沒戲。謝天謝地，當你放鬆、大方、柔柔的迎到了他的目光時，趕快再添上一個最性感的微笑，讓自投「羅網」的他隱隱覺得你為了這樣的雙目碰撞簡直費盡了心思，此刻，最為關鍵的是不要輕輕觸及便環顧左右而言他。你要氣守丹田讓這苦心經營起來的目光黏連銜接在四五秒鐘左右。趁他還稀裡糊塗的時候，你要加大「電力」穿透他的含糊目光，一直探進他的心底。在他突然反應過來時，恭喜啦，你的暗示已經讓他察覺了。同時你的一切已經十分美好的留在他的心裡。且慢，現在還不是你撤下火線的時候，可別沾沾自喜，一定要留下將來聯繫的一個理由。至此，愛的開端已經完美的營建起來了！

如果你有充裕的時間，那你不能操之過急，試試下面兩種情形吧。

1. 合理使用他的心情。在他心情特殊的日子，比如職位晉升、身體不適、情緒波動……你對他使用目光傳情法，他接受訊號一定會比平時靈敏得多。因為這時他會十分想讓別人分享他的感覺，如果你「特意」的目光被他的那種「靈敏」接收到，他一定會用二十四小時去分析你的暗示的。

2. 選擇最佳環境。如果你們四周陽光明媚如金、輕霧飄渺如夢、空氣新鮮得像天堂……好幸運啊，在這麼美的環境裡，你的目中情人也會有一個美夢醞釀，如果聰明的你把握牢了，那麼這個媚眼百分之八十八十是有回報的，他很可能趁機報之以美玉，還一個讓你如飲醇釀的驚喜。

回眸一笑的女人味

「回眸一笑百媚生，六宮粉黛無顏色。」此言雖然不無詩人的誇張，但它曾讓多少女性為之羨慕和神往。

其實，哪怕你做不到「百媚生」的效果，但盈盈的笑意也能讓你增姿添色。比如：現在的服務員有一門必修課，就是學會微笑。因為服務員的微笑，能給顧客一種賓至如歸的溫馨感覺。生活中，女性時刻洋溢著的友好、真摯、楚楚動人的微笑，就能散發出無窮的女人味。再好的化妝品如果沒有了微笑這一「精神化妝」妙法，就無法更好的顯示出女性的女人味，只有那些具有豐富心靈內涵和較高文化修養的女性發出的笑容，才可以在他人心靈上留下美好印記。

在適當場合，女性的笑非常重要，它能夠充分展示女性自身的最佳品味和高雅氣質。

曾經有一位著名的公司總裁，在視察工作時，他經常會問下屬：「你今天對客人微笑了嗎？」這個問題，也是我們每個女性朋友要時刻注意的。

微笑不能只是讓人感覺是一種職業需要，透過你的微笑，要讓對方感到一種自然的溫馨、關切，這樣可以有效的縮短與對方的距離，給對方留下美好的心靈感受，在人際交往中有利於形成融洽的氛圍。

另外，還要學會隨機應變，在任何場合下，以真誠的微笑來容納每一個人，可以充分展示出你良好的修養和內涵。

微笑可以使強者變得溫柔，使困難變得容易，微笑所具有的女人味是人際交往的潤滑劑。因此，我們應該學會巧妙的運用微笑，它是一門學問，又是一門藝術。

記住：微笑要發自內心，要自然、美好、真誠，切忌虛假造作的微笑。真誠的微笑會讓對方感覺你是他最真摯的朋友，讓你在異性心中的氣質會大增。

如果我們能夠永遠保持豁達樂觀的笑容，不僅有益健康，而且也會推進事業的成功。

在生活中，不能沒有笑聲，笑可以帶來催人奮進的情緒，增強人們的自信心。人們內心深處的樂觀情緒和蕩漾在臉上的笑容，都展示了對自我能力的充分認識與無比的信賴。史丹佛大學心理學家阿爾伯特．班杜拉曾經說過這樣一句話：「人們對其能力的自信心會對其能力的發揮產生巨大的影響。能力不是固定資產，彈性極大，關鍵是怎樣發揮它。」因此，女性要多保持臉上的笑容，以增強自信，從而最大限度的發揮潛能。

在生活中，我們經常羨慕那些成天樂呵呵的人，卻又總覺得現實中有太多煩人的事，哪有什麼可樂的事情？其實，關鍵在於自己的心境和對人對事的態度，如果你消極處世，那麼再好的事也不會使你快樂，你總會找到事物有缺憾的一面。

微笑時要笑不露齒，斯文得體。尤其是在一些不熟悉的場合，當你對他人微微一笑，哪怕是陌生人，那麼人與人之間的關係就變得自然得多。微笑屬淑女，易使人產生好感，拉近距離。

媚笑，也是笑不露齒，但眼睛斜視。這種笑不能隨便使用，一般是對丈夫、情人或心愛的人，否則會引起誤會或想入非非。但這種笑許多男性願意接受。

爽朗的笑最能給人以愉快開心的感覺，易獲得好感。但不要拍手拍腿，以免顯得粗魯，除非是和一夥非常熟悉的朋友在一起。這種笑是笑出聲，有時會笑得前仰後合。但如果是在社交場合中最好不要笑得太過分，否則，會顯得輕浮、隨意。

瞬間的笑介於微笑和媚笑之間，可以表示附和、同意、讚賞和鼓勵等意思。

女性不同的笑具有不同的氣質，若能恰當採用各種笑，不僅能表現出自己的教養、風度，同時也可增強自己的氣質。

笑瞇瞇的人在社交場合，總可以吸引別人的注意，也可使自己及他人心情輕鬆些，這種微笑帶來的氣質是無法抵擋的。

有些女性因為怕給臉上帶來皺紋，遇到開心的事也不敢笑，其實根本沒有必要。自己要愛笑，而且還要笑得美，這種精神化妝法對增添女性的女人味也是非常重要的。

淑女的魅力

作為女性修養的一部分，建立在對他人的理解、體諒之上的溝通非常重要。因為有緣才能夠在茫茫人海中邂逅，大家都應該努力讓此時此刻變得更加美好。以難得有緣的心情，與他人、與自己和諧溝通的情感豐富的女性，才是魅力四射的真正淑女。

對所有人保持誠懇及愉悅的態度

溫煦而熱誠的態度，將顯示出你有足夠的力量可以控制一切。不但讓朋友對你更有好感，連你的敵對者也一定會傾心折服。

對事嚴肅，不以輕浮態度處之

如果你的態度嚴肅，別人對你的態度也一定不會輕視，對你所提出的問題或計畫，肯定會慎重的考慮。切記，利用「輕佻色笑」的手段以求達到某種目的，是最拙劣的方法，不但於事無利，反而會遭到他人的輕視。

保持彬彬有禮的風度

以溫和、開明的態度對待挑戰自己的對手。對「異己之見」要學會樂於接受並採納。切忌疾言厲色作出反擊，失去優雅大方的風度。在堅持自己的正確立場的同時，應該讓對方感受到你是一個明理而大度的人。這樣，你的對手將逐漸被你的大度所感染，敵對情緒將會越來越少。

對事不對人

對工作上遇到的任何挑剔或反對，不視為是對自己個人的攻擊。你做出回應時一定要謹記，要對事，而不要對人。不妨換個角度想一想，別人所持的相反意見，在某種程度上，正是你取得事業成功的動力。

莊重的態度需要保持

當你在工作上做得比男人更出色時，舉止上難免會張揚些，認為可以和男人一樣脫俗瀟灑了。實際上，女性的粗豪舉止並不會獲得男性的認同，反而會讓他們藐視，甚至會引來他們的侮辱。而淑女無論在工作上多麼成功，態度也依然是莊重的。所以，作為淑女，更易強化其在別人心目中的地位，更易受到別人加倍的尊重。

第八章　氣質與交際——讓氣質融入「萬花筒」

介紹時的禮節

自我介紹時的禮節

介紹是社交和接待活動中普遍的行為，是見面相識和發生聯繫的最初方式。巧妙得體的自我介紹，可以為雙方進一步交往奠定基礎，也可以顯示良好的交際風度。

自我介紹的基本程序是：先向對方點頭致意，得到回應後再向對方介紹自己的姓名、單位和身分，同時遞上事先準備好的名片。自我介紹時，可掌心向內，輕按左胸，但不能用拇指指向自己。表情要自然、親切，注視對方，舉止莊重、大方，態度鎮定而充滿自信，表現出渴望認識對方的熱情。如果擔負一定的領導職務，不要一見面就自我誇示，只能說我在某單位工作。

作自我介紹時，應掌握時機。如初次見面的時機或對方有興趣的時機。內容應繁簡適度，態度謙虛，注意禮節。一般以半分鐘為宜，情況特殊也不宜超過一分鐘。

居中介紹時的禮節

居中介紹即為他人介紹，就是把一個人引見給其他人相識溝通的過程。善於為他人作介紹，可以使你在朋友中享有更高的威信和影響力。

介紹順序

介紹的先後順序應堅持受到特別尊重的一方有了解對方的優先權的原則，應將職位低的介紹給職位高者，將年輕的介紹給年長者，將年齡和職務相當的男士介紹給女士，將客人介紹給主人，將未婚者介紹給已婚者，將本公司職務低的人介紹給職務高的客戶，將個人介紹給團體，將晚到者介紹給早到者。

介紹人在作介紹時要先向雙方打招呼，使雙方有思想準備。介紹人的介紹語宜簡明扼要，分寸恰當，使用敬辭。一般不介紹私人生活方面的情況，如居住地址、婚姻之類。在較為正式的場合，可以說「尊敬的×××先生，請允許我向您介紹一下……」或說：「××，這就是我向你常提起的×××」。在介紹中要避免過度讚揚某個人，給人留下厚此薄彼的感覺。

一旦被介紹，你就成了大家注意的中心。這時你應做出應答：一是如果你是坐著的應起立，如不能起立，也應欠身表示。二是走向對方，注視對方，面露微笑，以示對對方的尊重。三是握手，這是信任和尊重的表示，也是互相致意和問候的一種方式。四是向對方招呼，重複對方的名字和職務（職稱）。

正確掌握握手禮節

握手，是人們在社交場合司空見慣的禮儀。它看似平常，但卻是溝通思想、交流感情、增進友誼的重要方式。尤其是女人，掌握好了握手的技巧，你才會給別人留下更深刻的印象。以下幾點，在社交中你應該注意：

首先，握手必須要有正確的姿勢。行握手禮時，上身應稍稍往前傾，兩足立正，伸出右手，距離受禮者約一步；四指併攏，拇指張開，向受禮者握手，禮畢後鬆開。距離受禮者太遠或太近都是不雅觀的，尤其不要將對方的手拉近自己的身體區域。握手時必須上下擺動，而不能左右搖動。當遇到比較熟悉的人或知交時，為達到傳遞某種情感的效果，可以伸出雙手行握手禮。

其次，一般情況下，握手時要用右手，這是一項通則，伸左手顯得不禮貌。伸出的手應垂直，如果掌心向下握住對方的手，則顯示一個人強烈的支配欲，無聲的告訴別人，你此時處於高人一等的地位，應盡量避免這種傲慢無禮的握手方式；相反，掌心向上同他人握手，則顯示一個人的謙卑與畢恭畢敬，如果是伸出雙手去捧接，就更是謙恭了。平等而自然的握手姿態是兩人的手掌都處於垂直狀態，這是最普通也是穩妥的握手方式。

握手的力度要適當，過重過輕都不宜。握手的時間通常是三～五秒鐘，匆匆握一下就鬆手，是在敷衍；長久的握著不放，又未免讓人尷尬。

與老年人、貴賓、上級握手，不僅是為了表示問候和致意，還是種尊敬的表示。握手時除了注視對方和面露微笑外，還應注意應由老人、貴賓、上級先伸手，並在對方有所表示時，才能伸手相握，否則就不得體。握手時身體稍往前傾，不能挺胸昂頭，當老者伸手時，應急步趨前，用雙手握住對方的手，招呼「歡迎您」、「見到您很高興」等熱情洋溢的話語。注意在與多人同時握手時，應遵從一定的順序。

女士與對方行握手禮之前，應大略判斷一下對方的態度，對於傲慢無禮者，可以不與他握手，但這時要特別注意場合，如果是與二三個男士見面，女士不想與其中的一位握手，那麼以與對方幾位皆不握手為宜；如果與數位男士見面，女士只不願意與其中的一位男士握手，而對其他的人皆表示禮貌的歡迎，那麼女士應該不顯露出自己的情緒，而自然的一一握手，以免使對方難堪而造成尷尬局面。

另外，與數位賓客初次見面，握手問候的時間要大體相等，不要給人以厚此薄彼的感覺。所以，握手的方式需要根據時間、場合、人物等的不同而有所區別，具體情況還需女士們熟練把握，這樣，你才不至於有失女士風采。

如何遞接名片

遞送名片的禮節

名片是建立人際關係的第一步，一般宜在與人初識時自我介紹之後或經他人介紹之後進行。遞送名片的先後，一般遵守「尊者居後」的規則，地位低的人先向地位高的人遞名片。即職務低者、身分低者、輩分低者、年輕者、拜訪者、男士、未婚者先向職務高者、身分高者、輩分高者、年紀大者、被拜訪者、女士、已婚者遞名片。並應給在場的人每人一枚，以免厚此薄彼。當對方不止一人時，應當由尊而卑或由近而遠依次遞送，如果自己這一方人較多，則讓地位較高者先向對方遞送名片。

遞送時可以口頭表示「我叫×××，這是我的名片」或「請多關照」之類的話。態度要莊重，動作要輕緩。

接受名片的禮節

接受他人名片時，應起身站立，面帶微笑迎向對方，恭敬的用雙手的拇指和食指接住名片的下方兩角，並輕聲說：「謝謝，能得到您的名片十分榮幸。」當著對方的面，用三十秒鐘以上的時間，仔細閱讀對方的名片；不懂之處應當即請教：「尊號怎麼念？」隨後鄭重其事的將名片放入自己攜帶的名片盒或名片夾之中。要像尊重主人一樣愛惜他的名片，千萬不要弄髒或弄皺、反覆把玩、亂掖亂塞。須知，汙損了對方的名片等於汙辱了對方本人。

在公共場合如欲索取他人名片，可以婉轉的說：「以後怎樣向您請教？」「以後怎樣同您保持聯繫？」自己無意送人名片時，可婉轉的說：「對不起，名片未帶。」

做個熱情的主人

預做準備

「有朋自遠方來，不亦樂乎？」有人來拜訪你，這是一件讓人高興的事，作為女主人，不管是你的朋友，還是你丈夫的朋友，都應一視同仁，熱情招待。

無論是接待哪一類型的來訪者，特別是應邀而來的客人，事先都應做必要準備。包括做好室內外衛生和室內的布置，「灑掃門庭，以迎嘉賓」；備好待客的用品，如糖果、香菸、飲料和水果、點心等；如留客吃飯，還得預備豐盛而可口的酒菜；如有小客人同來，還得預備一些玩具和小畫書。為了向客人表示敬意，主人還要特別注意自己的儀表，作為女主人更應穿著得體。

熱情迎候

如果你的朋友從外地或遠方來，最好是去車站、碼頭或是機場迎接，如果是老朋友，也應到樓下或門口迎接。進門時應熱情招呼，笑臉相迎，別人手中有行李或其他物品，要主動接提。

待客以禮

在接待中，對任何客人來訪都應熱情歡迎，毫不見外地奉為上賓。如客人不期而至，無論多忙多累，都應立即停止手中的工作，熱情接待。如客人沒打招呼便推門而入，也應立即起身表示歡迎，不能拒之門外。客人進屋後，作為主人應事事處處展現對客人的恭敬與謙讓。有的主人對不速之客冷眼相向，或一邊跟客人聊天，一邊看電視、看報紙、打毛衣，這是極不禮貌的。客人落座後，主人應熱情獻茶或奉上糖果、飲料。如請客人吃水果，應將洗淨的水果和水果刀交給客人自己削皮。與客人談話，態度要誠懇熱情，不要頻頻看表，不要顯出厭倦或不耐煩的樣子。萬一主人有急事要辦，應向客人說明並致歉。如有準備的話，可真誠的請客人一起進餐。如來自外地的客人需要留宿，應周密安排，並向客人介紹家庭生活設施和提供衛生用品等。

禮貌送客

在人際交往中，好的開場就像一束鮮花帶給人以愉快；精彩的告別就是一杯芬芳的美酒讓人回味。否則會造成熱情迎賓、冷淡送客的不良後果，給客人留下不好的印象。當客人要走時，應婉言相留，這是情誼流連的自然顯示，並非客套與多餘。當客人起身告辭並伸出手時，方可出手相握，切不可在送客時先「起身」或先「出手」，免得有厭客之嫌。迎客應主人走在前面，送客應客人走在前面。主人送客，一般應送到門外或樓下，目送客人遠去時，可揮手致意，並道以「歡迎再來！」遠客或年紀大的客人，如有需要（如路不熟、走路不方便等）則應送到車站或碼頭，待客人上車、上船並等車船開動消失在視線以外再返回。

手勢的無聲妙用

在人際交往中，手勢更能起到直接的溝通作用。作為女性，想要更好的展示你的魅力，一定要注意手勢的運用，以下幾種手勢在社交場合中應該注意：

1. 對方向你伸出手，你迎上去握住它，這是表示友好與交往的誠意；你若無動於衷的不伸出手去，或慵懶的稍握一下對方的手，則意味著你不願與其交朋友；
2. 鼓掌是表示讚許、感謝的意思，在交談中，你向對方伸出拇指，自然是表示誇獎，而若伸出小指，則是貶低對方。
3. 掌心向上的手勢有一種誠懇、尊重他人的含義；掌心向下的手勢意味著不夠坦率、缺乏誠意等。握緊拳頭暗示進攻和自衛，也表示憤怒。
4. 伸出手指來指點，是引起別人注意，含有教訓人的意味。因此，在指路、指示方向時，應注意手指自然併攏，掌心向上，以肘關節為支點，指示目標，切忌伸出食指來指點。
5. 另外，手勢的運用，也要注意文化上的差異。同樣一種手勢，在不同的國家、不同的地區帶有不同的含義。

比如表示身高的手勢，中國和英美等國都是將手心向下與地面平行的放在小孩頭部高度表示小孩的身高，但在墨西哥等拉丁美洲國家，這一手勢只可用來表示動物的高度，他們表示小孩身高的方法是將手心向左，或手心向前，手指第二關節處彎曲。所以，中國表示人的身高的手勢會被拉丁美洲人誤會。

在中國，手心朝下伸出向人招手，是請人過來，但一個英國人見到這種手勢就會轉身就走，因為按照英國人的習慣，這是表示「再見」。如果他們招呼人過來，是手向上展開，彎曲手指數次。然而，在中國和日本，這一動作卻會遭到人白眼，因為這種手勢在中國和日本被理解成招呼動物和幼兒。

另外，一個美國人來到中國，如果他站在公路上伸出大拇指一般人是不曉得他是想乘車的。在中國，伸出大拇指意味著很棒，是誇獎的意思；在奈及利亞，那是罵人。用拇指和食指合成圓圈，另三指微開，在美國為「OK」，是讚揚和允諾的意思；而在法國一些地方，有時可解釋為「毫無價值」之意；在巴西、俄羅斯和土耳其是罵人的意思；在日本則表示「錢」、「貨幣」。

伸出手指在太陽穴轉一圈，在美國和巴西是指別人是個瘋子；在阿根廷意指有人在電話裡和你說話；在德國開車時使用，表示的意思是罵別人開車技術太差。

掌握了這些常識，在社交場合中，你才會遊刃有餘，盡情展示女性的魅力。

做個受歡迎的客人

拜訪與迎送是人際交往中最常見的社交應酬活動。高朋滿座、朋友如雲是事業興旺、人情練達的標誌。特別是女性，如果掌握了拜訪與迎送的技巧，定會讓自己的氣質悄然而生，倍受歡迎。

拜訪禮節

1. 事先預約，不做不速之客。拜訪友人，務必選好時機。事先約定，這是進行拜訪活動的首要原則。一般而言，當你決定要去拜訪某位友人時，應先寫信或打電話與被訪者取得聯繫，約定賓主雙方都認為比較合適的會面地點和時間，並把參訪人數和訪問的意圖告訴對方。一般應避開吃飯和午休的時間，晚上拜訪時間也不宜太長。在對外交往中，未曾約定的拜會，屬失禮之舉，是不受歡迎的。因事急或事先並無約定，但又必須前往時，則應盡量避免在深夜打擾對方；如萬不得已必須在休息時間約見對方時，則應見到主人立即致歉，說「對不起，打擾了」並說明打擾的原因。

2. 守時踐約，不做失約之客。賓主雙方約定了會面的具體時間，作為訪問者應履約守時如期而至。既不能隨意變動時間，打亂主人的安排，也不能遲到早到，準時到達才最為得體。如因故遲到，應向主人道歉。如因故失約，應在事先誠懇而婉轉的說明。

3. 登門有禮，不做冒失之客。無論到辦公室或到寓所拜訪，一般要堅持客由主定的原則。如是到主人寓所拜訪，作為客人進入主人寓所之前，應用食指輕輕敲門或按動電鈴，在得到允許後，方可進入。若帶有鮮花、果品、書籍等禮物，可在進門之初奉獻主人，並應和屋內其他人一一打招呼。主人上茶時，要起身雙手接迎，並熱情道謝。

4. 衣冠整潔，不做邋遢之客。為了對主人表示敬重之意，拜訪做客要儀表端莊，衣著整潔。入室之前要在門墊上擦乾淨鞋底，不要把髒物帶進主人家裡。身患有病，尤其是傳染病，不應走親訪友。邋遢之客、帶病之客是不受歡迎的。

5. 舉止文雅，不做粗俗之客。人們常說，主雅客來勤；反之，也可以說「客雅方受主歡迎」。在做客時，談話應圍繞主題，態度要誠懇自然。如有長輩在座，應用心聽長者談話。在朋友家裡，不要亂脫、亂扔衣服。與主人關係再好，也不要翻動主人的書信和工藝品。未經主人相讓，不要擅入主人臥室、書房，更不要在桌上亂翻，床上亂躺。做客的坐姿也要注意文雅。

6. 適時告辭，不做難辭之客。「串門無久坐，閒話宜少說」。初次造訪以半小時為宜，一般性拜訪以不超過一小時為限。造訪目的達到，見主人顯得疲乏，或意欲他為，或還有其他客人，應適時告辭。假如主人留客心誠，執意強留用餐，飯後應停留一會再走，不要抹嘴便走。辭行要果斷，不要「走了」說過幾次，卻口動身不移。辭行時要向其他人道別，並感謝主人的熱誠款待。出門後應請主人就此留步。

如何在賓館會客

現在的賓館功能設施齊全，如果外地客人來到本地，住在某賓館裡，得知消息後，應前去進行禮節性拜訪。拜訪時應注意以下幾個方面的禮節：

1. 拜訪前先與對方約定時間。時間的確定由對方決定為好，預定時間時應問清賓館的詳細地址、位置、樓層、房號和聯絡電話。
2. 講究個人儀表儀態。洗個澡吹個頭，穿上得體美觀的服飾，精神飽滿的前去會客。在賓館這樣的公共場所，衣冠不整會被拒之門外，即使不被阻擋，也會招來人們冷峻的眼光。若是下雨帶著雨具，請不要帶入賓館大廳，可放在指定地點。
3. 賓館的大門、電梯，分別有服務員為你提供服務，不要忘記道謝。
4. 進到賓館後，可徑直去預定見面的房間，也可到服務台打個電話，經客人允許後，再進入他的房間。你也可以在賓館大堂的休息區先坐下，然後電話通知他下來，還可告知你可以等他，不必著急。
5. 進客房前再核對一下房號，確定無疑後開始按鈴或敲門，敲門後站直於門前，稍往後退以便對方開門打量你。開門後應作自我介紹，經邀請後再進入房間。

6. 賓館若是三星以上，有的房間帶會客廳，那麼談話應在會客廳進行，不宜進入臥房區。作為東道主你應熱情歡迎他的到來，並簡單介紹本地的風土人情，旅遊勝地；同時關心詢問客人在生活上、工作上、起居方面有何需要。拜訪時間不宜太長，應在十五分鐘左右。去賓館拜訪一般不帶禮物，最好不要帶上孩子，這既影響交流又使客人不悅。

7. 在賓館中的任何地方都不要急急忙忙的跑動，走路要注意姿態，腳步要輕盈沉穩，對別人說話要溫和有禮，對人的稱呼應都用「先生」「小姐」等尊稱。

8. 你的手機響了，應徵得客人允許後再打電話，千萬不要在房主人不在時打長途電話。

餐桌前的優雅吃出你的氣質

你在社交過程中免不了要有一些應酬。為了表達謝意，或者別人請你吃飯，或者你請別人吃飯，無論哪種形式的宴請，你的吃相便會在他人面前顯露出來。如果你不想失去原本優雅的一切，吃相就顯得尤為重要了。

當大家坐在一起吃飯時，每一個人吃飯時的表現便自然的落在所有人的視線之中。如果你在餐桌前的舉止很得體優雅，他們會對你投以羨慕的目光。

吃飯時，要注意別吃得太急太快，狼吞虎嚥肯定不會優雅。咀嚼時不要出聲，經常用餐巾拭淨手指和嘴，滿嘴流油更顯俗相。

用餐過程中如果需要離開席間，要向旁邊的客人打聲招呼；如果接電話，「對不起，接一個電話」；如果去廁所，一定要說去洗手間，或說洗一下手，而不能使用粗俗的語言。同時，千萬不要站起來就走，那是很沒有禮貌的。

如果吃東西塞牙，千萬不要張著大嘴剔牙。優雅的做法是用牙籤時，另一隻手要遮擋一下，不要輕易就把你剔牙時的大嘴巴露出來。

一般來講，女人在進餐前最好將口紅擦得淡一些，或乾脆全部擦去，以免杯碗沾上你的唇印。如果你一不小心已經把口紅沾到杯子、碗上了，那麼你應若無其事的拭去，不要留著那個有損優雅形象的大紅唇印。

瀟灑自如的參加舞會

舞會是最常見的一種社交活動，參加舞會更是一種文明的行為，因此應邀參加舞會一定要注意文明得體的舉止，這樣你在舞會上才會變得更為瀟灑。那麼如何才能做到呢？這就要求你懂得以下幾點：

1. 參加舞會衣著要整潔、美觀、大方，不要穿得奇形怪狀，使人感覺不舒服。也不要衣冠不整，被人輕視。
2. 參加舞會前，應梳洗打扮一番，不要一身便裝，風塵僕僕就進舞場。這是很不禮貌的，對舞伴也是一種不尊重的表現。
3. 如果你想跳舞，要等到在音樂初響時男方走到你面前有禮貌的邀請你跳舞，此時，方可有禮貌的應邀而起。切忌過於急躁，甚至是自己主動邀請陌生男士，那會給人一種不穩重，甚至是輕浮的感覺。
4. 一般情況下，被邀請者不應謝絕邀請，如果已答應了和別人跳舞或有其他原因不能跳時應向對方表示歉意。
5. 跳舞時不小心踩了別人的腳或與別人相撞時，應主動道歉。如果別人向你致歉，應寬容的諒解。

6. 在舞會上，人多時要注意禮讓，不要橫衝直撞、旁若無人的跳舞。
7. 在舞會中，不要橫穿舞池，更不要在舞池中奔跑。休息或觀看別人跳舞時，不要亂走動，應安靜的坐在一個地方，保持端莊文雅之舉。
8. 參加舞會坐姿要端莊文雅，身體不要隨音樂節奏搖擺抖動。雙腿擺放適當，不要叉開雙腿或蹺起二郎腿。
9. 在舞會上，坐下、開啟飲料、起立等動作要輕緩，不要莽撞行事，那是缺乏教養的表現。
10. 跳舞過程中，女方要聽男方的手勢指揮，隨男方進、退、旋轉，切忌主觀行事，不理會男方手勢、要求。那會使兩人動作很不協調。
11. 與戀人共舞時，應注意動作不要顯得過於親暱，有失體統，因為那對周圍的人來說是很不禮貌的。
12. 如果是家庭聚會，你作為客人在告別時應感謝主人的熱情款待。如有事提前離去，應向主人致歉，說明理由。

在劇院和影院應注意哪些細節

提前或準時到達

這樣你就不會因為找座位而打擾已經入座的觀眾和表演。當你進入滿坐的一排來找你的座位時，如果有足夠寬的走道，你的臉要朝著座位而不是舞台。當你走過別人的座位時，要為你擋住他們的視線而道歉。嚴格的說，聽音樂會不應遲到，一定要準時。但是萬一你遲到了，不允許你進去，你必須在場外耐心等待，等到他們允許你進去的時候才能進場就座。通常在一首曲子結束而第二首曲子尚未開始時允許遲到的觀眾入座。

在演出過程中要安靜

開演後，就要安靜下來，絕對不能在演出場所內吸菸、吃零食和嗑瓜子。不要嚼口香糖，不要「咯吱咯吱」的吃糖。不能有聲音，最好連咳嗽都忍住，實在忍不住時，也要用手帕捂住嘴。也不要讓你手中拿的節目單、門票、食品包裝紙等發出聲音。

在音樂廳，咳嗽也是不允許的。在公共場合大聲的咳嗽也是一種粗俗的行為。如果你的喉嚨不好，試試盡量吞口水。如果真的有很多痰，應吐在紙巾上，然後放在你包裡，等離開音樂廳之後處理掉，不要隨便扔在地上。

如果要打哈欠，用手擋在嘴上。如果你要打噴嚏，一定要用手遮擋。

看完節目再聊天

手機入場前一定要關掉手機。在交響音樂會、歌劇或其他正式的演出中，不能與旁人說話，即便輕聲也不行。對一個真正喜歡音樂的人來說，當他正在仔細聆聽台上的演奏時，他是不能容忍一點點細微的聲音打擾他的。儘管你可能是壓低了嗓子在說話，但是這一點點聲音，照樣會影響到旁邊的人。我們注意到有些音樂會的老聽眾，他們在演奏時翻看節目單，都盡量小心翼翼，不發出一點聲音。的確，即使是最小的聲音，最短暫的聲音，也可能影響別人。所以連續不斷、絮絮叨叨的談話更不允許，有話，看完節目再聊。

你要提前離開怎麼辦？

無論出於何種原因，你都要等到劇目間隔或幕間休息，或一直等到表演結束才能離開。在演出中離開劇場，這很容易使演員分心而且也非常不禮貌。如果你早知道要提前離開，你可以一直坐在最靠邊的位子上或站在最後一排，以使你的離開不會影響別人。

在劇院和影院應注意哪些細節

音樂會的著裝

總的來說，現在去這些場所，服飾要求沒有以前那麼嚴格，但最好還是穿得比較正規一些，以此來表達對音樂家的尊重。如果是參加搖滾音樂會或爵士音樂會，那麼任何服裝都可以被接受。相對而言，某些歐洲國家，如奧地利、德國等，人們出席古典音樂會，會穿比較正規的衣服。

第九章　氣質與健康——健康的女人最美麗

無病無痛就是健康嗎

誰都希望自己健康，那麼怎樣才算得上健康呢？有人認為，無病無痛就是健康，抱持這種觀點的似乎女性更多於男性。那麼這種說法對嗎？回答是否定的。

當今的世界衛生組織曾對健康下過定義：「所謂健康，不單單是指不生病，而且還包括以積極的態度去認真對待任何事情的精神、肉體和社會適應狀態。」由此可知，「健康」的概念包含著兩個方面：一指「體能健康」；另指「精神健康」。

現代科學技術的發展，使人們的勞動方式、社會聯繫和所處的自然環境等都發生了巨大變化，同時也產生了一系列不利於人體健康的因素：資訊技術的發展，人的體力勞動相對減少；長時間高度緊張的工作；飲食中營養成分的過剩，以及由於工作和生活方面諸多不盡如人意的情況造成的精神上的壓力，會引起人體內分泌不平衡和肌肉緊張，久而久之，則會誘發多種疾病。曾有人對此進行研究後指出，現代社會生活節奏加快，競爭激烈，容易產生緊張、壓抑、憤怒、嫉妒和憎恨等負面情緒，而這種負面情緒可損害人的健康。因此，若要保持健康，就應設法避開負面情緒對身體的刺激，而最好的辦法就是參加體育運動。十八世紀法國的蒂索曾說過：「運動就其作用說可以代替任何藥物，但所有的藥物都不能代替運動的作用。」

當我們明白了「健康」的真正含義之後，也就懂得了「無病無痛」並非一定健康。若要獲得「健康」的青睞，那麼請別忘了在進行體育鍛鍊的同時，牢記精神鍛鍊的重要性，尤其應該懂得，持之以恆的體育鍛鍊才是我們身體健康的重要保證。

女性健美的標準是什麼

怎樣的女性體型才算健美

當代女性，特別是青年女性大都希望自己能有一個豐滿而不肥胖、苗條而不瘦弱的健美體型。健美體型，顧名思義，是一種既健康又優美的體型，它把健康和優美巧妙的融合在一起。

在大千世界裡有各種各樣的人，當然也就有各種各樣的體型。當你觀看各種體育比賽時，往往會不由自主的為運動員完成的高超技藝所折服，同時又對他們優美的舉止動作、美妙的姿態風度，以及勻稱、健美的身體線條輪廓讚歎不已。

體型的美與不美不能一概而論，隨著不同的時間、地點、環境及風俗的變化，人們的審美觀念也是不同的。當前人們對現代女性體型的評判標準可表述如下：

現代比較公認的女性健美體型的基本條件：一是身體各部分比例適度、勻稱；二是人體的形態美基本上取決於肌肉是否發達、完美；三是需要有健康的膚色。

女性健美體型的「圍度」要求是什麼

1. 以肚臍為界，上、下身比例應為5：8；
2. 頸圍以頸的中部最細處為準，應與小腿圍相等；
3. 肩寬以兩肩峰之間的距離為準，應為胸圍的二分之一減兩公分；
4. 上臂圍以肌肉緊張時最粗部位為準，相當大腿圍的三分之一；
5. 胸圍以沿腋下至胸上方最豐滿處為準，為身高的二分之一；
6. 腰圍以腰的最細部位為準，應比胸圍小二十一公分；
7. 髖圍以恥骨平行於臀部最大部位為準，較胸圍大四公分；

8. 大腿圍以大腿最粗部圍度為準，較腰圍小十一公分；
9. 小腿圍以小腿最粗部圍度為準，較大腿圍小十八公分；
10. 踝頸圍以踝頸的最細部位為準，較小腿圍小十一公分。

怎樣形態的乳房才算健美

乳房過大或過小都不美。過大會造成乳房下垂，缺乏彈性；過小則顯示不出胸部的曲線，都談不上美。

健美的乳房應該充實飽滿，富有彈性、光澤、皮膚平整。從審美觀來看，乳房的形狀是一個半球形。突出於胸前兩側，與全身線條相連，構成人體的曲線。稱得上是健美乳房的有半球形、圓錐形和圓盤形。

圓盤形是指乳房的基底圓周半徑高而平，形成圓盆的樣子。

圓錐形是乳房隆起如尖長的筆，基底的圓周平面和乳頭張成九十度角。

半球形是圓周的半徑高而均等，胸大肌發達，乳腺有豐滿的組織，狀如蘋果，被人們譽為最理想的乳房形態，也是最健美的乳房形態。

怎樣的背部形態會使人感到美

豐潤柔美是女性美的特徵，過於肥胖或瘦弱都難以展現美感。

健美的背部形態，從正面看，應該是左右對稱、線條挺拔、上寬下窄、三圍比例適當，有一種剛健之美；從側面看，則應展現出人體正常的四個生理彎曲，即頸屈、胸屈、腰屈和骶屈，是一種自然的曲線，有一種柔和之美。

所以，要減去背部的多餘脂肪，充實背部的肌肉，才能有勻稱健美的體型，充滿朝氣和活力，給人留下一個腰挺背直的身影，使人覺得美。

怎樣的手臂才算健美

健美的手臂是構成人體健美不可或缺的部分。從外形來看，可以分為上臂、前臂和手。

1. 上臂：當手臂側舉與肩同高時，上臂下面有條優美的線條，肌肉越發達完滿，上臂肌肉線條越顯得飽滿圓潤而富有彈性。
2. 前臂：從外形來看，大都是上粗下細倒垂的扁圓錐狀。手臂旋內時，全部的橫斷面都成橢圓形。手臂旋外時，中部的橫斷面又成圓形，在肘關節處有低圓的窩。
3. 手：包括腕、掌、指三部分，腕部狹而厚，掌呈渾圓狀，指以尖細略長為美，指甲白淨、細緻、紅潤。

總的來看，兩側的手臂要對稱，垂直置於體側時，肘部位置與腰部相平，手臂線條柔和、深圓、飽滿。

怎樣的頸部才能展現女性美

人們常說，頸部是女人的年齡卡。試想如果一個人衣著打扮很講究，臉部皮膚保養得很好，但是脖子上卻布滿皺紋，還向前伸頸縮脖，當然難給人以美感，更別說展現女性美了。所以，脖子和臉一樣重要。要注意保養頸部的皮膚，使它光潔細膩，富有彈性。

女性的頸部，從外形看，呈扁平的圓柱狀，頸肌勻稱發達，沒有雙下巴，沒有明顯的皺紋，皮膚光潔細膩，有一種柔美感，從側面看，耳朵在肩膀的正中間。頸部向上伸長，有一種修長感。

有了修長的挺拔的頸部，上連微翹的下巴，下接豐滿圓潤的肩胸，加上光潔細膩的皮膚，就能很好的展現女性美。

美腰的尺度

腰腹部是人體的軸心，腰腹部的圍度在展現女性曲線美中起著重要作用。如果腰腹部肌肉鬆弛，脂肪堆積過多，形成大腹便便的樣子，自然展現不出美感；而那種風吹欲斷、軟弱無力的「細腰」，承受不起各種壓力，又影響人體運動和形態，也展現不出美感。

健美的腰腹部應該是肌肉堅實平坦，形態稍顯纖細。腰腹圍度要根據自己的身高、體重、胸圍、臀圍等的比例來確定；一般來說，女子腰圍比臀圍小二十五公分左右，大於標準二十五公分一般都是脂肪堆積所致。

怎樣的臀部形態才顯得體態健美

一般來說，健美的臀部，從後面看，臀部隆起飽滿圓滑，有上翹之感，體積中等，兩側臀大肌發達勻稱，收縮有力；從側面看，臀部輪廓圓滿，線條流暢明顯，向上柔和平滑過渡到腰，向下平滑柔和過渡到腿，肌肉結實無下垂感，臀部線明顯無皺褶，臀部體積中等，呈圓弧狀的半球形。

總之，臀部既不瘦小，又不肥大，而是結實有力富有彈性，才能顯出體態健美。

怎樣的腿部形態才能展現女性美

健美的腿部應該是大腿肌肉發達勻稱、豐滿，向下漸細，皮下脂肪少，膝蓋處豐滿渾圓；小腿肌肉結實，有彈性，輪廓清楚，小腿上部細於足部，下部明顯細於中部，線條柔和、修長，足踝俊美纖小，足弓高，五個腳趾細長整整齊齊排成一行，第二趾比大趾略長。

並腿站立時，應該是腳跟併攏，膝關節併攏，大腿上部併攏，整個腿形修長挺拔。X型、O型腿都是不健美的。

如何鍛鍊才能達到最佳健身效果

如果你想透過體育鍛鍊達到增強體質、防治疾病、愉悅身心、延年益壽的效果，就應遵循以下四條基本原則。

因人而異，有針對性

每個人的年齡、體質和鍛鍊水準是有差異的，同一練習內容和同一種練習方法不可能適合所有的人，何況，每個人的練習目的也不相同，有些人是為了健美體型；有些人則是為了防病治病；而有些人僅是為了消閒娛樂。因此，各人應有針對性的選擇適合自己特點的練習內容與方法。如身體健康的女性可利用空餘時間打打網球、健美操、體育舞蹈等，參與一些娛樂性較強的項目；而體質較差的女性可利用晨練的機會練氣功、太極拳、有氧舞蹈、慢跑、散步等。在練習的強度與運動量方面，應按照各自的體質狀況與鍛鍊水準，做到合理控制，度、量適宜。一般以練到舒服為止，每分鐘脈搏控制在一百四十次左右為宜。總之，練習時不要盲目仿效，必須立足自身的具體情況，有針對性的安排好自己的練習。

持之以恆，有規律性

實踐與理論反覆證明，人體機能狀況的調節與變化具有規律性。練習時，能量消耗、機體損耗；休息階段補充營養與休息，其恢復後的機能水準可超過原有水準，而後又回覆到練習前的水準，生理學上稱之為練習後的「超量恢復」。因此，在鍛鍊時要依據這一生理特點，有計畫的、持之以恆的進行練習，才能發揮「超量恢復」的生理功能，使體質得到增強。

另外，動作技巧也不是一朝一夕練就的，一些較複雜的動作與技巧都要經過不斷的反覆練習才能掌握，真可謂「台上一齣戲，台下十年功」。其原因是人的各種姿勢與動作技巧都要經過反覆練習才能掌握，才能形成動力定型，即使已經掌握的動作技巧，如不經常複習，也會走樣，並逐漸遺忘。

再從健康的角度看，如不經常堅持鍛鍊，僅僅是偶爾運動，不僅不能改善心血管系統的功能，相反，還會使之受到傷害。尤其是中老年婦女，心血管系統的適應能力較差，短時間的劇烈運動很容易引起心血管方面的疾病。所以經常堅持鍛鍊才能收到效果，一旦間斷活動，心肺功能、體力和工作能力都會隨之下降。長期停止活動，以前的鍛鍊效果也會逐步消失。

循序漸進，有科學性

在進行體育鍛鍊時，尤其是初始鍛鍊者，應注意活動內容要由易到難；練習時間要由短到長；練習的強度要由小到大。例如初練健美操的女性，應選擇一些節奏較慢、變化較少、幅度較小的套路進行練習，過一個階段之後再逐步提高要求，並從跟著同伴練進展到跟著音樂練，這才能逐步提高練習興趣，使機能與技能循序漸進。因此，初學者應在教練指導下，有計畫的進行鍛鍊，有條件時，可請專家開具「運動處方」，然後執行「處方」，過一個階段另開「處方」。如此循環，鍛鍊效果就比較明顯。

全面兼顧，有創造性

參加體育鍛鍊並不是機械操作或人為模仿，否則，鍛鍊到一定的程度就會興趣減退，效果也隨之下降。如一些女青年經過一段時期的健美操訓練，體質、素質、樂感等方面均收效明顯。而以後的進展就不會像初學時那麼明顯，如繼續參加創意性不強的練習，鍛鍊的自覺性與積極性就會下降，效果也會逐步消退。而當你進入創編與競賽的領域，那感覺就完全不同，那時，你會自發的激發出新的熱情，練習興趣高漲，效果自然提高。即使是在平時按計畫的鍛鍊過程中，也應有創意的安排好日常的練習，如經常堅持長跑者，遇到下雨天，可用上下樓梯的辦法不間斷的鍛鍊；練氣功者可利用練習環境做做伏地挺身、引體向上和跑跳練習，使內臟器官與運動器官得到全面鍛鍊，從而增強鍛鍊效果。更有智者，還能結合自身特點和練習環境自行設計與製造練習器材和方法，豐富鍛鍊內容，提高鍛鍊效果。

綜上所述，體育鍛鍊需要開動腦筋，科學的安排練習內容與方法，並有創造性的設計與完善練習過程，使練習效果更加滿意。

適合職業女性的鍛鍊方式

從事服務、公關等職業的女性在進行健美鍛鍊時，針對自己職業的特點，從培養自己的形體、氣質、品德等方面出發，應重點選擇以下內容進行鍛鍊。

1. 柔軟體操。這是健身操的一種形式，深受婦女的歡迎。其內容包括類似於中國武術的動作；舞蹈中比較劇烈的動作及踢腿劈叉、翻滾蹲爬等；雜技中的跳板、倒立等；迪斯可舞等。各類動作都有音樂伴奏，踢、滾、跳、踏由樂曲掌握節奏。

2. 多種舞蹈。這是一種綜合的舞蹈練習形式，包括古典芭蕾舞、東方芭蕾舞、踢踏舞及各種民間舞蹈。透過舞蹈的學習，不僅可以修整自己的體型，顯示出女性青春強健、充滿朝氣的形體，而且可以活躍職業女性的業餘生活，陶冶人的情操。

3. 健力舞。健力舞在美國開展非常廣泛，健力舞是由徒手體操和現代舞相結合而成的。它包括大幅度的跳躍、踢踏和俯仰等身體動作，極適合女性練習。健力舞每次練習四十五分鐘，開始十~十五分鐘做準備活動，然後跳六~十節舞蹈。一般講，練習一套不太激烈的健力舞，約消耗三百卡的熱量，相當於以每小時十一公里的速度騎自行車四十五分鐘。

4. 有氧健美操。健美操的形式廣泛，內容豐富，而且練習中對場地、器材要求不高，動作多以大幅度的伸展、變換、跑跳等方式出現。因此，極適合於女性塑造體型，培養氣質。

總之，具有現代氣息的職業女性，特別是從事服務、公關職業的女性，只要根據條件選擇恰當的鍛鍊方式，持之以恆，必會取得明顯效果。

吃出女人的美麗

女人的調養是一門學問，也是女性抵抗衰老的核心。對於繁忙和壓力過大的現代職業女性而言，更要重視調養。現代人的調養有兩種方式，一是注重傳統和基礎營養的方式，比如注意果蔬、肉類、豆類、穀麥類以及低脂和無脂食品的合理均衡攝取；二是選用科學而效率更高的健康食品，也就是常說的保健品。

不管採取哪類方式，都有許多行之有效的具體方法。在諸多的方法中應先從最基礎的事項做起。

女人應盡可能多食用如豆腐、海帶、蘿蔔等鹼性食物，可以使人體呈弱鹼性，有益於促進細胞的新陳代謝，使肌膚健康、平滑、富有光澤，這類食物被稱為美容食品。同時應控制如雞肉、牛肉、玉米、啤酒等弱酸性食品。減少食物中的鹽分和糖分含量，以減輕內臟負擔，並應保持三餐飲食營養均衡，使得內臟功能運轉正常，這是創造良好肌膚的一大要素。

不少女人過於注重蔬菜水果，這是一個誤解。過多食用蔬菜水果，而忽略其他營養，這會衰減皮膚細胞組織功能。此外，直接供給皮膚細胞的營養主要為蛋白質、脂肪，其中以蛋白質最為重要，它是構成真皮層彈性膠原纖維的重要部分，對維持人體正常的新陳代謝起著非常重要的作用，它可以維持皮膚健康，參與細胞的能量代謝。因此，適量的食用優質蛋白質是值得女性重視的。

國際營養學專家認為：素食者更健康。這一觀念已被越來越多的研究成果證明。所謂素食，是指膳食的構成以植物性食物為主，動物性食物很少或一點不沾。營養學家也認為，對於女性而言，攝取素食不僅有益健康，而且有助於排毒養顏和減肥。除了攝取常規的基礎性營養，如蛋白質、脂肪、糖類、維生素、礦物質、水、膳食纖維等七大營養元素之外，還應根據自己的年齡、身體狀況和特定需求，選擇不同的保健品。美容類的保健品主要有卵磷脂、核酸、蜂王漿、花粉、抗氧化物等。保健品作為一種補充食物，要堅持服用，在飯前空腹食用更有利於吸收，不過，保健品含有特別的功效，人體的需求量是有限的，超過限量是有害的。

水是美容聖品，也是最經濟實惠的美容佳品，建議養成清晨空腹飲水的習慣。每天應喝足六～八杯水，以補充足夠的水量。隨著年齡增大，體內細胞水分減少，多喝水更為重要。

控制食量是女人進食特別要注意的環節。進食不能夠有飽的感覺，飽感已經是進食過量的信號。過量進食，不僅直接影響體重，還會增加腸胃功能的負擔。

做個睡美人

充分的休息可以調理身體。壓力是造成失眠的罪魁禍首，所以上床前充分放鬆很重要。下面的小竅門能讓你睡得更香，試試吧，你會有驚喜的發現！

按時睡覺：每晚在相同的時間上床，早晨在相同的時間起床。身體熱愛規律的生活！

洗澡：睡前洗個熱水澡是讓人輕鬆入夢的最好方法。

早點鍛鍊：寧可在晚餐前，也別在晚餐後運動，這樣才能讓你更快入睡。

別少睡：如果已經缺少睡眠，或者知道自己將沒有足夠的時間休息，比如計畫出門旅行，那麼現在就多睡些吧。

午睡研究表明，有計畫的午睡能使人更清醒，從而提高工作效率。

早點吃晚餐：肚子太飽不容易入睡。

釋放壓力：如果憂慮使你無法入睡，寫寫日記可以釋放一些壓力。

為睡眠留出空間：別在臥室裡整理帳單、看報紙，或者做其他不該在上床睡覺前做的事。

把電視關掉：睡前看電視聽起來似乎能放鬆，但實際上會刺激神經、干擾睡眠，不如看一本好書。

不喝刺激性飲料：睡前至少四小時內不要碰咖啡因、尼古丁和酒精。

稍微吃點零食：餓著肚子很難睡著。如果覺得太餓，就吃點清淡的食品吧。有研究者認為，牛奶和火雞中含有的色氨酸可以安神。或許一根香蕉或者加蜂蜜的熱牛奶也能幫你更快進入夢鄉。

關燈：在涼爽昏暗的環境中，人們通常會睡得更好。必要的話，可以掛上厚窗簾來隔斷城市的晨光。

氣質，從養血開始

人體是「血肉之軀」。只有血足，才顯得皮膚紅潤，面有光澤；只有肉實，才能肌肉發達，體型健美。氣質女人追求面容豔麗，身材窈窕，應重在養血。

女性因其有生理週期耗血多的特點，若不善於養血，就容易出現臉色枯黃、唇甲蒼白、頭暈眼花、乏力氣急等血虛症。嚴重貧血者還容易提早發生皺紋、白髮、脫牙、步履蹣跚等早衰症狀。血足皮膚才能紅潤，面色才有光澤，女性若要追求面容靚麗、身材窈窕，必須重視養血。養血要注意以下幾個方面：

1. 神養：心情愉快，保持樂觀的情緒，不僅可以增進肌體的免疫力，而且有利於身心健康，同時還能促進骨髓造血功能旺盛起來，使皮膚紅潤，面有光澤。
2. 睡養：充足睡眠能讓你有充沛的精力和體力，養成健康的生活方式，不熬夜，不偏食，戒菸限酒，不在月經期或產褥期等特殊生理階段同房等。

3. 動養：經常參加體育鍛鍊，特別是生育過的女性，更要經常參加一些體育鍛鍊和戶外活動，每天至少半小時。如健美操、跑步、散步、打球、游泳、跳舞等，可增強體力和造血功能。

4. 食養：女性日常應適當多吃些富含「造血原料」的優質蛋白質、必需的微量元素（鐵、銅等）、葉酸和維生素 B12 等營養食物，如動物肝臟、腎臟、血、魚蝦、蛋類、豆製品、黑木耳、黑芝麻、紅棗、花生以及新鮮的蔬果等。

5. 藥養：貧血者應進補養血藥膳。可用黨參十五克、紅棗十五枚，煎湯代茶飲；也可用首烏二十克、枸杞二十克、粳米六十克、紅棗十五枚、紅糖適量煮粥，有補血養血的功效。

吃全食的女人更均衡

健康飲食的關鍵是均衡、全面、合理，這也是健康飲食的最高境界。應該吃什麼和應該吃多少，都是為了獲取均衡全面的營養，而營養是否均衡，又是根據攝取蛋白質、碳水化合物、脂肪、維生素、礦物質、纖維素、水等七大營養素是否全面來衡量的。

飲食營養好不好，並不在於你吃的食物有多高級、多昂貴，而在於是否食用了多種不同類別、不同粗細、不同性質的食物，即使你天天吃上品的燕窩、魚翅，也不如每餐都兼顧有蔬菜、水果、肉類、穀類來得均衡和健康。

吃營養組合完整的「全餐」，即「主食（澱粉類食物）＋菜類食物＋蛋白質食物＋油脂類」。「全餐」應該怎麼吃，每一類食物吃多少是有講究的。

主食包括五穀雜糧類和薯類，這類食物在「金字塔」的第一層，是每天都要適量攝取的，一般以三百～五百克為宜。五穀雜糧中，以全穀類如玉米、小米、糙米、燕麥、大麥為好，這類食物營養價值較高，富含纖維素，還可促進排毒；而經精細處理過的白米、白麵粉的營養價值就要差很多，但適合消化系統不良、不宜吃高纖維食物的人食用，當然也可採取如胚芽米或糙米＋白米一類的混合吃法，這樣既安全，又更有營養。薯類如地瓜、馬鈴薯、山藥、芋頭等可常吃，尤其是每天早餐食用，可幫助排泄和增加體能。但是，薯類最好搭配蔬菜一起吃，否則易引發胃酸、脹氣或氣滯等。

蔬菜、水果類是每天都要攝取的第二大類食物。在食物「金字塔」的第二層，對於成年人來說，每天攝取量應是五百～七百克。水果可在餐前半小時或餐後一小時吃，水果與其他食物的消化時間長短不一樣，如果同時食用，會影響營養的吸收。

蛋白質類食物位於「金字塔」的第三層。主要指畜禽肉類、魚蝦類、蛋類、豆及豆製品類、奶和奶製品類，攝取量分別是五十～一百克，蛋白質類食物食用量其實是很小的，常常很多人在食用時容易超標，肉類食物有很多美味可口的烹調方法，往往容易導致進食過量，所以最好多食豆類植物蛋白質。不過要注意，一般豆類如鮮豌豆、毛豆、黃豆、綠豆、紅豆、花生、扁豆等容易使體質燥熱，引發炎症，使尿酸高、血脂高等，應少量攝取，建議可選擇較為溫和的豆製品，如豆漿、豆腐、豆乾、豆腐皮等。

油脂類是位於食物「金字塔」最上層的，每天飲食不宜超過二十五克。油脂不僅要選擇天然高品質油，專家還建議應該經常變換種類，以便得到更為全面的營養素。

建議吃「全餐」這種觀念是很必要的，有不少女孩子為了減肥，只注重吃蔬菜、水果，也有人認為不吃主食可以保持身材，其實這些觀念既不科學也不會達到預期的效果，每頓飯都要盡可能吃「全餐」，控制體型最主要的環節是食用量和食用肉類、油類、糧類這類易發胖食品的比例，以及良好生活方式的培養和建立。

女人是水做的

有太多的廣告都在告訴愛美的女人「女人是水做的」「女人如水」「喝水的女人最美」這個道理。但女人應該怎麼喝水？女人應該喝什麼樣的水？正確的喝水習慣和方法有哪些呢？

水分對於身體，就像石油對於汽車、電能對於電器一樣重要。人體內的血漿中水分占百分之九十二，肌肉組織中水分占百分之八十，紅血球中水分占百分之六十，身體其他組織或器官中水分占百分之五十。水是一種良好的溶劑，也是維持身體組織和細胞進行正常生理反應的重要物質。人體的一切生理活動都離不開水：營養素的運輸離不開水，廢物和毒素的排泄離不開水，減肥離不開水，滋潤的皮膚離不開水。水對人體如此重要，但隨著年齡的增長身體裡的含水量會逐漸下降。

引起身體裡的含水量下降的主要原因有：由於新陳代謝降低，肌肉和膠原蛋白減少，皮膚變薄導致保水能力下降，造成身體含水量降低；身體將自然水轉換製造細胞水（聚焦水）的能力降低；咖啡、可樂、酒精與茶等含咖啡因飲料增加身體排尿與脫水，喝得越多，脫水越多，造成皮膚缺水或乾燥。

補水是解決人體缺水的有效方式之一，但不是簡單的每天每時喝得越多越好。最新科學研究認為，大多數人的喝水習慣或方法不正確甚至十分錯誤，所喝的水不符合健康需求。美國抗衰老專家劉效文博士建議補水要遵循以下三大原則：

一是要養成喝水的習慣，日飲八～十杯白水，隨時小量補充，切勿等到口渴才喝。二是杜絕飲用過多含咖啡因飲料，以免造成身體脫水。三是多喝新鮮蔬果汁，像西瓜、柑橘與蔬果榨汁所含的水分子結構與人體細胞水分子相同，可直接補充身體細胞水分，每天飲用大量新鮮蔬果榨汁是增加身體含水量的明智之舉。

在遵循補水三原則的基礎上，你還可以做得更細更好一些。

第一是滿足人體排泄廢物和毒素的需求，補充一天中重要的營養水。飲用的時間最好在清晨。經過一夜的睡眠之後，體內嚴重缺水，血液和淋巴液等體液濃度極高，體內廢物和毒素多，身體代謝極為緩慢而不充分。這時，需要補充一杯溫水，最好是滲透性好的純淨水、礦泉水，不要喝得太急，慢慢飲下，飲用過快會增加腸胃負擔，引起腸胃消化方面的其他問題。之後十五～三十分鐘再用早餐，早餐時，補充一杯新鮮果汁。

第二是補充工作能量、排除廢物和毒素的水。飲用時間最好在上午。腦力勞動者宜喝兩～三杯礦泉水或喝一杯不加糖的牛奶、豆奶或果汁。體力勞動者宜先喝一杯生理食鹽水，再喝一～兩杯加糖的牛奶、新鮮蔬菜汁或豆奶。

第三是幫助消化、補充工作能量、排除廢物和毒素的水。飲用時間最好在中午和下午。中午餐後二十～三十分鐘宜喝一杯純淨水、礦泉水。腦力勞動者前半小時宜喝一杯礦泉水、茶水，後半小時宜喝一～兩杯新鮮果汁、不加糖的牛奶、豆奶。體力勞動者前半小時宜喝一～兩杯生理食鹽水、茶水、礦泉水或葡萄糖水，後半小時宜喝兩～三杯牛奶。

第四是幫助消化、有一個好夢的水，飲用時間最好在晚上。晚餐後十五～三十分鐘，宜喝一～兩杯純淨水或礦泉水。在睡覺前的一個小時，可以喝一杯新鮮的果汁、牛奶、蜂蜜、梨熬製的水。

以上方法看似複雜，養成習慣之後就會覺得很簡單。如果能夠按此方式有規律、有針對性、有計畫的補水，按照生理需求正確的喝水和喝正確的水，不僅可以建立有益的科學飲水方式，而且有益於一生的健康和美麗。

健身房鍛鍊的五個誤解

去健身房運動，塑造完美體型已經成為現代女性熱衷的時尚活動了，但是，對於健身房運動，人們往往存在以下幾個認識上的誤解：

從性別角度排斥器材健美

一提到去健身房健身，人們心裡很自然的就會想到器材健身和健美操，而且大多數人還將這兩種運動形式與性別聯繫起來，認為器材訓練是男性的事，跳健美操是女性的專利，這是一種誤解。實際上，無論男女，各種運動形式都應該參加。每一種運動形式都有它的特點，任何一種運動形式，都不可能代替其他的運動。就器材鍛鍊和健美操而言，兩種運動都是必要的，它們對人的好處是互補的，只有兩者的結合才是更合理完善的。

害怕練出男性般發達的肌肉

大多數的女性一提到器材，馬上就會擔心練得像男性一樣肌肉發達。確實許多男性透過器材訓練，變得胸寬、背厚、肌肉發達，然而這一點大可不必擔心。第一，女性本身體內雄性荷爾蒙較少，雌性荷爾蒙較多，因而肌肉合成能力較差，脂肪合成能力較強；第二，即使是利用器材進行肌肉負荷訓練，由於訓練方式不同，也會產生不同的結果，何況，要想長肌肉也是很難的事，必須要用特殊的訓練方法，並經過一個漫長的過程，可不是一朝一夕就能達到的。小重量、多次數的訓練，不但不易長肌肉，還會削減多餘的脂肪。有經驗的教練會安排不同的訓練計畫，以調整體型，增強體格，提高健康水準。所以器材訓練不一定就會長肌肉，影響身材，相反，合理的器材訓練會使體型更完美。

大量的出汗等於減脂

在許多健身房我們看到，很多跳健美操的婦女身穿連體健美褲，讓自己大量排汗，認為多出汗就能減脂，而有些教練還不讓其進水，認為好不容易才出的汗，一喝水就白練了。其實這是誤導，是不正常的。人在大量排汗時，若不及時補充水分，很容易虛脫，單純的出汗並不能減脂，而適量的增加一些器材訓練，才能有效的達到減脂的目的。

練哪減哪

在健身訓練中，大多數婦女最關心的問題就是如何減去腹部脂肪，總認為只有練腹肌才能減去腹部脂肪，其實不然。我們從訓練實踐中得知，合理、適度的器材訓練，能有效的促進無氧代謝和有氧代謝，從而達到減脂的目的。所謂合理，是指用科學的方法對全身各部位肌肉均衡的訓練，而不是單純的去練某一部位的肌肉。所謂適度，是指在每一次訓練中完成的運動量適中，只有科學的安排訓練，才能收到滿意的效果。

單純進行健美操、形體操練習就可以改善體型，提高體格。

大多數的女性朋友認為女子跳健美操、練形體操就可以健康、美體，這也是一個誤解。從兩個方面來講：第一，從提高體格來講，體格指的是身體運動的速度、力量、耐力、柔韌和協調性（靈活性），做各種健美操可以提高有氧耐力、柔韌性和在一定程度上提高協調性，但身體最重要的素質——速度、力量、耐力和在負重下的協調性等卻得不到鍛鍊。所以說，僅做各種健身操是不能全面提高體格的，是有片面性的。第二，從美化體型方向說，人過了二十五歲以後，骨骼形態基本定型，如想改善體型，必須靠肌肉的調整。因為肌肉有固定起止點，有較為固定的形狀輪廓。利用器材透過對全身肌肉有針對性的鍛鍊，可以改變骨骼的相對角度，使體型產生良好變化。如使胸圍變大、腰圍變小、肩變寬、臀變翹、身體各部位節奏分明，充分展現人體美。而跳健美操時，身體的主要負荷是自己的體重，承受負荷的主要是下肢。長期鍛鍊的結果是，下肢肌肉發達、結實（這恰恰是一些女性所不期望的）。而關係到體型最重要的胸肩背等關鍵部位，卻得不到充分、合理的鍛鍊。如果單一的、長期的進行這樣的鍛鍊，其結果是可想而知了。

因此，女性朋友在參加健身房運動的時候，一定要擺脫上述錯誤認識的干擾，選擇適合自己且專業全面的鍛鍊方法，按照自己的意願塑造完美體型。

讓家和辦公室成為你隨時的健身房

除了健身房之外，女性朋友們千萬不要忽視了在家裡和辦公室的時候做一些簡單的健身運動，這同樣是大有好處的。讓我們把家和辦公室的性質暫時的改變一下，充分利用有效資源，為打造完美體型時刻努力吧。

家庭簡單健身操

把枕頭墊在背後，兩手向後伸直並伸展身體；做仰臥起坐三次；把枕頭墊在背後，收腹使腳尖越過頭部和床面接觸；手抱頭，兩膝彎曲併攏，輪流倒向左右側，並使膝蓋接觸到床面，但兩手不動仍緊貼床面。

穿衣服時，兩手在背後相握，伸直手的同時挺胸；上半身自然下垂，兩手左右擺，同時腰部向左右扭轉；兩手抱頭將頭部下壓，同時吐氣，抬頭時吸氣。

穿好褲子做快速深蹲，兩腳開立，與肩同寬，下蹲和起立時挺胸直腰，兩手平舉，兩腿均勻用力，蹲要蹲到底，起要起得快。開始時輕跳幾次，然後可換為原地連續輕跳，這樣，既增強了腿部力量，同時還鍛鍊了心臟，提高心肺功能。

起床後做十次俯臥撐，一百次原地踏步高抬腿。甚至貼牆做倒立，這樣既可增強上肢力量，還能促進血液循環。

陽台十分鐘健身晨練法

1. 早晨起床後，盥洗完畢，大腦清醒了，可以身著睡衣，穿拖鞋，面向南方，略帶微笑，雙足與肩等寬站立，上身放鬆，下身部分微微下蹲，足趾輕輕抓地，雙目遠眺。
2. 頭部活動：以頭作筆尖，用意念調動頭部寫兩個字「長壽」。這兩個字可寫兩遍，然後讓頭部圍繞這兩個字作圓，先順方向，再反方向畫2圈，以上動作要緩慢些，不求急躁，但求穩妥，時間約兩分鐘。
3. 擴胸活動。姿勢站立不變，兩腿稍屈，兩臂經胸前平屈向前平舉（合掌指尖向前），低頭含胸。再兩腿伸直，兩臂向後擺至側平舉（掌心向後），抬頭挺胸。兩腿屈伸一次，兩臂胸前平屈並後振一次（拳心向下），再收回，時間約一分鐘，動作注意要慢，擴胸時不要太猛烈，力量適中。
4. 交叉擺掌。站立姿勢不變，兩手下垂，兩掌交叉，掌心向腹部，然後兩臂向外側張開，張開幅度各人以自己適宜自然為度，速度不求快，張開手臂之後，隨即收臂，使兩手掌回復成交叉，時間約一分鐘。
5. 雙掌畫圓。兩掌心相對約十公分，保持這個距離，兩掌高低與腰帶平，相當於中醫說的「帶脈」高度，兩掌心保持距離不變，然後以上臂帶動手臂作畫圓運動。先身體略向左側畫圓，順時針畫二十圈，逆時針畫二十圈，再讓身體恢復到面朝南方，順、逆方向畫圓各二十圈，然後身體向左側轉動後，繼續如上述，順逆方向畫圓各二十圈，這樣一來，總共畫圓一百二十圈，時間約三分鐘左右。
6. 弓步擴胸法。一隻腳在前，一隻腳在後，成弓步狀站立姿勢，然後兩臂平伸開來，手掌微握空心拳，接著做兩臂開合的擴胸運動，動作要慢，使胸部擴張，肺活量增大吸氧量增多，同時兩腳踝部及下肢配合上肢的開合作兩腳一前一後的屈伸運動，使上下肢及踝部得到鍛鍊。做完後，兩隻腳調換一下再進行一次擴胸活動。以上需兩分鐘左右。

7. 放鬆及整理並結束。時間約一分鐘。方法是雙手搓熱，在身體上下前後，尤其是足三里穴（位於膝關節髕骨下，髕骨韌帶外側凹陷中，即外膝眼下四橫指處）及湧泉穴（腳底，五趾用力彎曲，中央凹處）重點按揉一番，另外腰部也重點按揉一會，時間約一分鐘。

家庭主婦的福音——家務健身操

整理床鋪彎腰動作，收緊臀部，鍛鍊大腿和臀部。

手洗衣服雙臂一伸一縮，牽動胸肌，能鍛鍊手臂、運動胸肌。

打掃地面站在一處，掃帚盡量伸向遠處，大幅度轉動腰，有利鍛鍊手臂和腰部。

擦洗窗戶時動作要大，這樣運動雙臂、胸部和腰部。

掃灰塵時以腳尖站立，伸手往高處打撣，鍛鍊小腿。同時，彎腰及伸手撣低處，鍛鍊腰部和上下肢。

收拾雜物以腳尖站立，盡量向高處取放東西。彎腰向下時，要保持腰部挺直，增強腰部、大腿和小腿的力量。

辦公室健身減肥操

1. 兩手拿書，手臂放鬆。兩腳開立與肩同寬，屈膝低，而後左臂向前，右臂向後用力振臂；
2. 上體前屈與地面平行，兩腳分開站立，兩腿伸直，兩臂側平伸；
3. 兩手拿書，兩腿分開站立與肩同寬，挺胸，收腹，抬頭，兩臂側平伸；
4. 兩臂向下擺動，利用慣力在體前交叉；

5. 兩臂向下擺動，在體前交叉後，兩臂向斜上方用力伸展，做擴胸運動；
6. 上體前屈，挺胸，同時兩臂體前交叉，再用力向上擺；
7. 兩臂向前平伸，兩腿直立；
8. 手臂放鬆下垂，自然低頭彎腰，膝略前屈；
9. 利用膝部彈力，伸直兩腿，同時兩臂向後擺，頭仍向前低；
10. 手臂放鬆下垂，自然低頭彎腰，膝略前屈；
11. 利用膝部彈力，伸直兩腿，同時兩臂向後擺，頭仍向前低；
12. 挺胸抬頭，兩臂向上高高揚起；
13. 兩臂高舉，挺胸，塌腰，抬頭，兩腿略前屈。恢復預備勢。

第十章　氣質與品味——讓女人的心靈更加充盈

培養一種有益的興趣愛好

生活不僅因為有嚴肅的內涵而變得莊重，也因為有豐富的活動而變得多彩多姿。假如生活只是吃、喝、睡，那將是乏味的；假如人生是一根時刻綳緊的弦，那也會是讓人窒息的。

生活中當然應該有事業。同樣，生活中也應該有興趣愛好。如果說事業是生活的主色，那麼興趣愛好無疑是不可缺少的輔色。

興趣是一個人經常趨向於認識、掌握某種事物，力求參與某項活動，並且有積極情緒色彩的心理傾向。例如對繪畫感興趣的人，就把注意力傾向於繪畫，在言談話語中也會表現出心向神往的情緒。

興趣的產生與人的需要有關。人的需要是多種多樣的，而且一種需要得到滿足以後，還會產生新的需要，興趣也隨需要的變化而變化。

愛好是一個人在興趣的引導下，經常參與某項活動並有積極的活動傾向。例如：一個人愛好籃球運動，那麼他就會經常主動的參加這項活動，在活動時會精神振奮，情緒愉快，感到有樂趣，因而，表現既自覺又積極。

愛好是在興趣的基礎上產生的。如一個人對某項活動發生了興趣，就會產生參與這種活動的動機，繼而參與這項活動。在活動中他感到有趣，於是就產生了對這項活動的愛好。這一過程可以這樣表示：興趣——動機（行為）——興趣——愛好。

一個人在自己的生活裡，有沒有興趣愛好，是大不相同的。有興趣愛好的人，可以感受到生命的可貴與可愛，可以將之化為精神上的歡悅，反之，則難覓生活的樂趣。

作為愛好，每個人可以完全按自己的意願去選擇。我們主張愛好要正當健康，益智養性，有情有趣，能有利於身心健康，啟迪自己的智慧和才華，培養良好的品性，陶冶性情，磨練意志，可以成為生活主旋律中一個動人的篇章。

業餘愛好是人生樂趣的另一舞台，每個人完全可以有自己出眾的「表演」。願每一個人在學習工作之餘，在業餘生活的廣闊天地裡，都能夠施展才華，選擇好適合自己的業餘愛好。

讓生活充滿浪漫情調

女人的浪漫如同初夏清爽的早晨，天色漸亮，美麗的景色漸漸清晰而明朗，空氣中充滿生機，一切將有未有之幸福都含苞待放，無論一天裡面將會有如何的燥熱，早晨始終是清潔微涼的舒適時間，一天中最讓人放鬆並且愉快的清醒時刻。

當女人向那個追求自己如此之久而終於贏得芳心的幸運兒展露嫵媚浪漫的笑容時，自己的內心也無疑充滿著喜悅和幸福，以及期待。女人在付出浪漫的同時也給予了希望，這希望需要一份相當的感情來作為回報，而且是當前、立刻。相對男人來講，女人比較習慣於被追求，這樣的地位使得女人偶爾主動的表示浪漫的時候必然期待一個立即的回報，否則就會深切的感到被忽略，對於女人來說，因為在戀愛中往往是強勢的一方，產生類似的心情自然不難理解。

女人的浪漫，是出於一時的感慨、衝動、興奮、突然而發生的一種情感的表達方式，發生之前完全沒有先兆。它可以是因為男人一次成功的表白，也可能是因為長久以來好感的累積，甚至有可能不過是完全隨機的一次情感爆發，總之是完全沒有道理的一種情緒。也恰恰因為女人的浪漫是如此的不可預期以及千變萬化，才使得男人如此著迷。從這個角度來說，女人在大多數時候的刁蠻任性等等惡劣表現，其實不過是給其溫柔浪漫的突然出現作了陪襯而已。老輩人常說，若要甜，加點鹽，女人偶爾表現的所謂做作，不也是在為寶貴的浪漫柔情打好基礎嗎？由此可知，男人對浪漫的企盼，帶有多麼神祕的色彩，第一是因為女人平時的動作使得偶爾為之的浪漫顯得如此嫵媚可愛；第二是因為浪漫使得女人顯得格外美麗端莊，這就是所謂的有女人味，當然這裡的女人味大有女人應該凡事百依百順的男人心理；第三也是最重要的，女人的浪漫類似男人的衝動，一切源於突如其來的熱情，當女人浪漫的時候，必然嬌柔敏感而內心朦朧感動，這樣的狀態充滿魅力而值得期待，對於男人，當然是發自內心的興奮著。

一位哲人說：「浪漫是建立在無止境的驚喜之上的。」對這位哲人的性別我們已經無從考證，但他（她）的話不無道理。餐桌上一張稱讚美味的紙條，手機上一句不經意的問候留言，時不時的一朵玫瑰，不分時間場合的偷吻，甚至在最沒錢的時候還到最好的飯店飽餐一頓，然後帶著浪漫一貧如洗的回家……沒有哪位女人能在這樣的浪漫中保持清醒。

儘管女人易於在浪漫中迷失自己，但我們還是要對你說：不妨讓自己浪漫一回。因為浪漫是疲憊心靈的一方良藥，是一種女人味的情調。你相信也好，不相信也好，卻不能不想。

潑灑於丹青之中

科學研究發現：藝術家、書法家等一般都比較長壽，這與他們善於自我表現的「動機」是分不開的，而他們的人生價值也在其中得到最大限度的展現。「好奇」是在「動機」的基礎上產生的一種「興趣」，有了「興趣」就會有「樂趣」，一個對生活對大自然有著無限「興趣與樂趣」的人是不容易變老的。

清代學者王昱在《東莊論畫》中道：「學畫所以養性情，且可滌煩襟，破孤悶，釋躁心，吐靜氣，昔人謂山水畫家多壽，蓋煙雲供養眼前無非生機，古來名家享大耋者居多，良有以也。」

從養生的角度看，這些言論不無道理。書畫家之所以長壽，關鍵是他們面對一張白紙，用心不雜，心情舒暢，以繪畫為精神寄託，以潑墨為賞心樂事，這樣就能夠長期保持良好的心理狀態，七情六欲歸於平和，將世上的寵辱頓忘於潑灑丹青之中，其情緒之欣悅是難以言狀的。

列寧說過，不會休息就不會工作。工作、學習之餘，走進大自然，走進藝術畫廊，會使我們獲得一種輕鬆愉悅的心境，會使神經系統得到調節、周身舒適，大為有益於身心健康。古人將觀看山水畫稱做「臥遊」，比為「特健藥」，這是很有道理的。歷來書畫家大都長壽就是證明。

人們欣賞文學藝術，是因為它不僅具有感人的魅力，還能陶冶人們的性格與氣質。《燕山夜話》的作者鄧拓是個書法家。他的朋友說：「從他的書法中，我們可以看出他那開朗奔放的性格和瀟灑的風度，他已經達到了字如其人的境界。」

一幅好的繪畫作品就像一首歌、一首詩，能使人的心情陶醉，給人以美的享受。徐悲鴻畫的馬，黃冑畫的驢，雖然不能騎，沒有實用的功利目的，更不能給人以物質利益和滿足實用需要，但卻能給人以精神上美的滿足、喜悅和享受。

興趣要正當

撲克牌是一種文化娛樂的工具，玩撲克牌不僅是一種高尚的精神消遣和享受，而且還能益智。

橋牌是撲克牌中的一種遊戲。世界上許多歷史偉人都是橋牌迷，例如艾森豪威爾在第二次世界大戰中等待盟軍北非登陸消息時，也沒有忘記擠出時間玩一局橋牌；英國前首相邱吉爾在第二次世界大戰爆發後英軍參戰時，仍念念不忘打橋牌。

麻將牌也是人們常用的娛樂工具。玩麻將最大的樂趣是富於變化。麻將的輸贏並不全部決定於剛上手時牌的好壞，它能於持續的摸牌中不斷調整變換。得而失之，失而復得，牌的輸贏也隨著時空轉換而發生變化。這會使人想到人的命運並非一成不變和無法改變的。

玩牌乃人生樂事，是一種高尚的精神消遣和享受，可以培養鍛鍊人的智商、信念和毅力。但是，什麼事情都有一個度的界限，過之則反，玩牌也是如此。有的人通宵達旦迷在牌桌上，不但有損健康，還失去娛樂的真正意義。有的人用它賭博，甚至嗜賭成癮，走火入魔，最後弄得妻離子散，傾家蕩產，這也是玩牌給人的負面啟示。

時尚與氣質

有人說時尚就像大海，無論你身處何方，總是位於時尚的中央，你沒法觀察，更無法逃避。其實，時尚是一條流動的河。當你回首過去時，似乎走上了時尚的潮頭，看著那遠逝的時尚，你也許會難以相信：那個年代怎麼會流行鬆糕鞋，難看死了。

同樣是牛津包，當年在大學是非常流行的，可如今又開始流行復古包了。你中學時的流行包，它們仍舊可以用來裝一些化妝品之類的東西，但卻無法給我們提供一種時尚的心情。如果你再把大學時的牛津包拿出來，雖然同樣可以裝東西，但你能體會到時尚帶來的好心情嗎？還會像大學時牛津包它贏得別人「真優雅！真美啊！」的讚美嗎？

時尚就是這樣，如流動的河水，它本質上沒有陳舊與創新，沒有優雅與粗俗，只有文化的流變、時間的流逝與人心的變遷。

新世紀的女性已不再滿足於傳統的審美觀念，而是努力追尋一種嶄新的智慧型的美。但優雅除外，沒有哪個女人會為了追求嶄新的美而在大街上大聲喊叫的。她們希望擺脫世俗，保持強烈的自我意識，形成自己出眾的風格。

時尚是一種流行，而流行的內容會因為時空的轉變而不斷變化，這其中包含了諸多的生活樂趣。比如：巴黎流行的穿著服飾、美容方法，還有各種風格的建築、家居布置等等，都具有時尚的概念，在某種程度上就是一種代表。

但實際上，其中某些東西是幾個世紀都不曾變化過的。變化的只是其中流動的部分。這些關注流行的人看到她們覺得美麗的內容，於是，社會上就出現了流行浪潮。一個東西流行，必然具有可行性、可用性，大家的追隨是當然的，但不能盲目的去追求時髦，而丟掉了女人原有的本質。現在的流行，有很多商業引導的因素。但是流行總是一波一波的變化，是個不確定的變數。然而，優雅卻沒有因流行的變化而喪失本質。

所以，優雅生活與潮流之間，尋找的應該是一種合適的方式，這種合適的方式就是不僅讓你享受到時尚的美感，而且不失優雅的魅力。

優雅與時尚的完美結合是一種難得的境界，但是時尚並不能左右優雅，而優雅卻可以包容時尚。不標榜特立獨行的時尚，也不為了時尚而丟失了自己的風格。

西方女性更多的追求舒適、自由的生活。比如：在穿著方面，她們不會很刻意的追求一些時尚的潮流，而改變自己的品味。

西方女性並不在乎名牌的效應，但她們很懂得如何去妝點，很多人穿著舊衣服，但一條別緻的圍巾或者項鍊，就給人一種非常優雅的感覺。

品味，女人應該學會的幾種

女人的品味，是時間打不敗的美麗。作家黃明堅有一句話：「女人是一種指標，如果女人都散發出品味，社會自然成為美好的世界。」

插花：美麗女人必修課

雖然現在還將女人形容成花有些過時，但女人與花總有不解之緣。插花是一門既古老又時尚，充滿濃郁生活氣息的高雅藝術。現今女人們更是要把大自然的綠色和鮮花帶回家，透過自己動手和布置，可以調劑生活，陶冶情操。插花是嚮往美麗的女人的必修課。一個美麗的女人，和自己的插花作品，本身就是一副多麼動人的畫面。在安靜的房間裡，讓自己平靜，看著攤開一桌的香豔花草，賞心，悅目，為平凡的都市生活增加典雅的意味。在充滿花香的生活裡，女人永遠不老！

音樂：生活裡只有雲淡風輕

這裡不僅僅指音樂，是說眾多的藝術素養，你需要具備其中的一種。攝影、彈琴或陶藝等等。女人作為最有靈性的那朵玫瑰，應該擁有藝術化的、充滿驚喜的生活，音樂、攝影或陶藝都能使你在喧囂中將一切都歸於淡然。在假日悠閒的午後，沏一壺綠茶，閉上眼睛，走入音樂的世界。想像自己正漫步在斜陽下的山坡上，沐浴著清香的微風；或是靜坐在斜陽西照的花園裡，回想往事……經典音樂，使你如醍醐灌頂，一切煩躁都變得雲淡風輕。在經典音樂裡沉醉的女人，在別人眼裡，擁有更懾人心魄的氣質。

茶道：偷得浮生半日閒

對於茶之韻，每個人都有獨到的感受和體驗，正如禪宗推崇的「拈花微笑，只可意會，不可言傳」。茶道是東方文化的點睛之筆，東方文化與西方文化的不同，在於東方文化需要個人的悟性去貼近它、理解它。淑女性情如茶，安靜卻充滿清香氣。好茶一壺，能讓你的心更加寧靜，散發柔美內涵和女人獨有的味道。也許，在純淨之餘，我們還會領悟到其他的一些東西。閒暇之餘，泡一壺好茶，約二三知己，一盞香茗，促膝清談，只談風月，無關名利。享受這滾滾紅塵裡片刻的柔軟時光。

讀書：腹有詩書氣自華

文字之於女人，不是浮華的雲裳羽衣。腹有詩書的女人，好比一壇塵封已久的女兒紅，啟開來，香氣撲面而來，讓人迷醉。有些事情人是無能為力的，比如外貌。如果你缺乏姣好的面容，你可以讓自己在文字中美麗。經典的書籍能讓你洞察世事的通透。你的文字使你與眾不同，在你的身上呈現出一種高雅，一種「可遠觀而不可褻玩」的清冽。悅目的假花雖然豔麗，卻不夠深刻甚至是膚淺的。真正芳香的花，即便花朵不是美麗的，卻韻味無窮。腹有詩書的女人，歷久彌新，回味悠長，是最美的女人。

健康：比財富更重要

健康是比錢更重要的。你有再多的財富，十萬元或是一千萬元，健康都是前面的那個「1」，如果「1」沒有了，後面有再多的「0」也是毫無意義的。多數時候，女人不僅僅是男人的目標，更是男人一起打拼的夥伴。所以，女人必須身心健康、容光煥發、態度積極。所以，你需要經常做SPA、塑身、瑜伽、游泳、射箭、潛水、攀岩，你最好也要擅長其中之一。

下廚：輕鬆打點曼妙美味

曾經叫嚷著男女平等而紛紛走出廚房的女人們，該回去了。出得廳堂，入得廚房，女人在骨子裡就是賢良淑德的，為人妻為人母的溫柔從來都沒有離開過女人。安守家室，相夫教子，本是女人最美麗的樣子。何況，繫上漂亮圍裙，挽起縷縷長髮，走進清淡雅致的廚房，切絲削片，快炒慢燉之間打點出曼妙美味，或是煲一個好湯，與愛的人一起分享，又何嘗不是女人的另一種韻味呢。當然，下廚，還有別的原因。為了愛，傾盡手藝，燒一桌好菜，他一句「你做的飯，我愛吃」，敵得過再多蜜語甜言。

裝扮：一秒鐘都不能懈怠

可可·香奈兒說過一句這樣的話，「永遠要以最得體的打扮出門，因為，也許就在你轉彎的牆角，你會遇到今生至愛的人。」我們可以把它理解為法國式的骨子裡的浪漫，也可以理解為女人裝扮的最高境界：不能放過每個細節，一秒鐘都不能懈怠。無論你是居家女人還是PARTY QUEEN，在何種場合應該做何種裝扮，精明女人都會有最恰當的安排。裝扮是女人的第二語言，哪怕不交談，它也一目了然的告訴別人，你的職業、品味、個人氣質和文化層次。所以，即使是週末的午後，在陽台的躺椅上小憩，也要穿上最雅致的便服。

旅行：只為好風景而停留

對於女人來說，旅行是漫無目的的行走，直到遇到好風景、好情人，再也邁不開步伐。女人的旅行沒有計畫，沒有日程。走到哪裡都是欣喜。在日復一日的辦公室裡，快要發霉，放下手頭不管多重要的文件，走出去，享受豔陽天，晾曬自己發霉的潮濕的心情。旅行中的女人是無比美麗的，暫時告別格子式的辦公室、格子式的家。你的世界廣袤無垠。「出發」代表的是一種狀態，一種過程，一種獲得，是女人對生活常態的「放下」，所以旅行中的你，應該拋下一切，在山野的風裡自在的呼吸。

社交 PARTY：一晚的公主

某一晚，約不到心儀的那個人喝咖啡，沒有關係，偌大的城市徹夜不眠，只要你願意，至少有大把的社交派對可供你消遣寂寞。女人們是派對上的焦點，頂尖的那種叫做「PARTY QUEEN」，她們甚至具有專業精神。HERMES 絲巾、限量版的 LV 手提包、GUCCI 新款高跟鞋，不大不小、不紅不紫的明星，都可以在這裡看到。端一杯紅酒，淺酌小飲，或是在觥籌交錯、推杯換盞之間，與人不鹹不淡的寒暄。走的時候再微笑著扔下一句「親愛的，你今晚真漂亮」。一個夜晚便悄然滑過，回到家脫掉高跟鞋，依然做你的淡然女子。

理財：聰明女人會花錢

冰雪聰明的女人，不僅會賺錢、更要會管錢、花錢。會理財的女人，收入、支出、貸款，算盤打的劈裡啪啦。連艱澀難懂的財務軟體都運用自如。女性理財的意識似乎是天生的，雖然她們對數字並不敏感。除了傳統家庭的狹小圈子，女人們已經開始關注投資領域，關注保險、基金、股票，甚至外匯買賣這些專業的投資管道和金融產品。並把理財當做是實現財務自由的必經之路。理財成精以後，閒聊時有意無意的說一句：「我的基金賺了……」那份從容淡定不正是一種自信的魅力嗎！

第十一章 氣質與智慧——讓高雅的你卓爾不凡

女人，認識你自己

塑造優雅人生的另一方面就是：女人要認識你自己。認識自己，是一種能力，更是一種智慧。金錢、美色、權力、地位、名望、汽車、別墅，燈紅酒綠的花花世界，給了人們太多的誘惑。在漫漫人生路上，女人如果對身外之物過多的關注，在物欲橫流中沉浮，便會開始目眩，開始迷失自己，找不到自我。

古希臘哲學家蘇格拉底告訴人們：世界上最難認識的就是你自己。哲學的任務就應該是幫助人們「認識你自己」。

然而在現實生活中，人們往往忘記自己的存在，忘記對自己的關愛，從不過問自己對人生的看法。

在人生這個舞台上，女人如果迷失了方向，迷失了自己，那是很痛苦的。因為迷失了方向你會過度的去追求名利；因為迷失了自己你會為一些身外之物而不擇手段，甚至不惜用青春作代價。這難道不讓人悲哀嗎？

也許你會說：我也明白，身外之物生不帶來，死不帶去，但是，我不去追求金錢、權力、地位等這些所謂的「身外之物」，那又追求什麼呢？

事實上，世人追求身外之物原本並沒有錯，禁欲並非常人之所為。恰恰相反，只有鼓勵人們去追求現實的身外之物才是明智之舉。因為擁有它，在某種程度上能證明自己的人生價值。但要有度，殊不知過度的欲望會讓你迷茫、墮落，甚至犯罪。

總之，不能把證明的手段當做了證明的目的，把身外之物當做了證明的全部，而全然忘了要證明的恰恰是「你自己」。

現實的身外之物是成功、幸福的標誌，擁有了它，便擁有了優雅充實的人生。旅美作家陳燕妮的一句話一語言中的：「同樣的資歷、同樣的條件，沒有理由要比別人差……」這難道不是認識自己、證明自己的表現嗎？

由此可見，優雅人生來源於認識你自己、證明你自己。

書，智慧的源泉

書是人類最好的朋友，是人類智慧的來源：讀書不僅使人睿智，而且可以塑造優雅的人生。當代許多成功女性在回顧自己的成長道路時，常常將人生中一些最真誠、最輝煌的瞬間與一本或幾本好書連結在一起。一本好書能夠給予一個人最初的人生啟迪。

事實上，只有讀萬卷書，才能每臨大事有靜氣，成就別人無法企及的大業。有一句話說得好：能閒世人所閒之人，方能忙世人所忙之事。這裡所謂的閒事，就是讀書。

喜歡讀書，就等於把生活中平常的時光轉換成了巨大享受的時刻。讀書，可以增長見識，陶治性情，使人的情感更細膩，舉止更優雅，氣質更深沉。淡泊以明志，寧靜以致遠，非讀書是不能達到的。

人們常說的「書卷氣」就是一種優雅的氣質，這種「書卷氣」非讀書不能形成。

讀書為人生帶來了最美妙的時光，一個人當他（她）沉浸於書籍的世界中時，幾乎可以稱得上是世界上最幸福的人。

讀書，是一種心靈的活動。書可以改變一個人的氣質，也可以培養一個完人。

有兩姐妹，姐姐身材高䠷，天生麗質，遺憾的是愛說閒話，街坊鄰居都叫她「長舌妹」。妹妹個兒較矮，鼻子塌，街坊鄰居都叫她「醜小鴨」。

姐姐三天兩頭去美容院，每月的工資全花在美容上。

妹妹喜歡讀書，每逢假日必去圖書館。她的工資除去生活費，其餘全買了書。她讀了很多很多的書。她從書中品嘗出人生的真諦，眉宇間平添了幾分睿智和思考；從書中咀嚼出戰勝自我的力量，從自卑的困擾中走了出來；從書中找到了做人的完美，將愛心融進自己綿綿不盡的生命長河裡……最終這只「醜小鴨」搖身一變卻成了「美天鵝」，從言談舉止中流露出一種超俗的魅力，一種無法用言語表達的美感。

愛美之心人皆有之，到美容廳去美容，只能實現外觀的美；而到圖書館去讀書，那是心靈的美容，是種內在美的培養。

一個人的外貌是天生的，再高明的美容師也很難將醜變為美，可心靈的美容卻可以把醜變為美。心靈的美容，能使人風度高雅，氣宇軒昂，遠勝過胭脂口紅和高貴服飾。

英國著名的唯物論思想家培根說：「讀書足以怡情……讀史使人明智，讀詩使人靈秀，數學使人周密，科學使人深刻，倫理使人莊重，邏輯修辭之學使人善辯。凡有所學，皆成性格。」

書能影響人的心靈，而人的心靈和人的氣質性格又是相通的。書能教你為人寬厚，心地善良，使你生出純真、熱情的氣質；書能教你謙虛謹慎，持重內向，使你生出成熟、穩健的個性；書能教你自強不息，不畏艱難，使你生出剛毅、堅定的信念；書能教你勤於思考，勇於創新，使你生出深沉、進取的性格。

一個人要想把自己打扮得漂亮，打扮得可愛，就去圖書館美容吧，這是世界上第一流的美容院。即使是「醜小鴨」，只要常讀書、讀好書，就可以彌補先天之不足，就會成為「美天鵝」。長得醜不要緊，如果有了美的心靈，必然會產生美的氣質，有了美的氣質，就能「一美遮百醜」。

知識女性必須嘗試的二十八件事

日本作家中谷彰宏告訴年輕的新生族女性，在人生的道路上，為追求真正屬自己的生活而竭盡全力，飽嘗辛酸和痛苦的人生才是美麗的人生。他列舉了必須嘗試的二十八件事：

1. 要留意報紙、雜誌邊角處的廣告——這也許在你的人生中能起到意想不到的作用。
2. 參加一次競選，為競選而東奔西走——在那裡會有一些你日常生活中無法得到的東西。
3. 將想做的事情整理得有條不紊。
4. 向自己奮起挑戰，為拿到十個以上的資格證書而奮鬥。
5. 尋找自己理想的人生模式。
6. 會會職高位尊的人。
7. 做一次劇院中的引導服務生——在引導客人的同時，對照想像一下自己的將來。
8. 與父母親一同去旅行——這是培養重視家庭及人間親情的開始。
9. 自己創作一首歌。
10. 一年之內讀破萬卷書。
11. 將一件電器完全拆掉並重新裝上——從自己組裝的過程中感悟人生。
12. 每日完成一頁日記。
13. 盡可能在更多的國家留下你的足跡。
14. 在與外國人對話時，要始終保持你的自信。
15. 每日反省自己的失禮之處。
16. 對自己所下的決心要經常加以檢查。
17. 做不幸者的朋友。
18. 體驗一次精疲力竭的感覺——你的潛力要靠自己去發掘。
19. 從頭至尾讀完一部完整的書。

20. 要欣賞那種心跳的感覺。
21. 在你的庭院中栽一棵小樹——可使你學會重視生命。
22. 會一會使你感到畏懼的人——見到不平凡的人會使你發現另一個自我。
23. 要敢於面對使你感到緊張的人。
24. 做一個忠於自己生活目標的人——你的人生不屬你的父母。
25. 試與十年後的自己進行對話。
26. 去最危險的職業現場。
27. 給自己留點屬自己的空間——與自己的心靈對話，會擴大你的生活空間。
28. 做一本自己的詞典——用獨特的視角創造一個獨特的世界。

理解人生選擇的逆向思考

逆向思考首先要確定或設定一個可以達到的目標，然後從目標倒過來往回想，直至你現在所處的位置，弄清楚一路上要跨越哪些關口或障礙，是誰把守著這些關口。記著把這一切都記下來。寫出計畫是整個過程中重要的一環。你這時所做的就是再畫一幅從目的地倒著回到出發點的路線圖。這樣，從最終目標出發倒回來進行逆向思考，你就能獲得前進的線路圖。

國外一位成功者曾經說過，我們每個人的一生中的大部分成就其實都受制於形形色色的人，取決於他們的決定。他們就是你成功路上的關主，在放行前必須對你的計畫、產品、思想及求職的要求，乃至你的長相和性格說一聲「通過」。

逆向思考就是要鼓動那些站在你和目標之間的關主。他們沿途攔截，每一位都有權決定放不放你走入計畫的下一階段。

要想讓關主同意通過，必須找出促使他們開門放行的原因。最佳辦法是直接去問，徵求他們的建議和看法，也可向經常與他們打交道的人諮詢。

一九六〇年代中期，當時在福特一個分公司任副總經理的艾科卡正在尋求方法，改善公司業績。他認定，達到該目的的靈丹妙藥在於推出一款設計大膽並能引起大眾廣泛興趣的新型小汽車。在確定了最終決定成敗的人就是顧客之後，他便開始繪製戰略藍圖。下面就是艾科卡如何從顧客著手，反向推回到設計一種新車的步驟：

顧客買車的唯一途徑是試車。要讓潛在顧客試車，就必須把車放進汽車交易商的產覽室中。吸引交易商的辦法是對新車進行大規模並富有吸引力的商業推廣，使交易商本人對新車型熱情高漲。說得實際點，他必須在行銷活動開始前做好小汽車，送進交易商的展車室。

為達到這一目的，他需要得到公司市場營銷和生產部門百分之百的支持。同時，他也意識到生產汽車模型所需的廠商、人力、設備及原材料都得由公司的高級行政人員來決定。艾科卡一個不漏的確定了為達到目標必須徵求同意的人員名單後，就將整個過程倒過來，從頭向前推進。

幾個月後，艾科卡的新型車——野馬從流水線上生產出來了，並在一九六〇年代風行一時。它的成功也使艾科卡在福特公司一躍成為整個小汽車和卡車集團的副總裁。

逆向思考的一個基本要素就是分出階段重點。這樣，你不得不將長遠目標和近期目標清楚地區分開來，然後再將逆向思考分別應用到每一個目標中去。

舉例來說，如果你說的是四十歲想成為首席行政總監等類的目標，這是不夠的。這個目標太過遙遠，逆向思考不能得以有效的發揮。你必須瞄準所要取得的具體成績。這些成績才是助你步入高層的高明戰術。

你必須縮小你的範圍。你想為自己樹立怎樣的聲譽？想對公司管理做何種改變？在前進道路上，你想擁有哪些特別的工作經驗？你想在哪裡工作，與哪些人共事？以上這些問題的回答為逆向思考提供了十分具體的目標。

在考慮上述問題的同時，要將長遠目標分成一系列明確目標。目標越集中，逆向思考越奏效，為達到目標所需征得同意的人就越少，整個過程花的時間就會更短。

智慧是女人內在的力量

學識淵博型的氣質女人可以用內在的力量去征服別人。

魏明帝時，衛尉卿（官名）阮伯玉有個女兒嫁給高陽名士許允為妻。阮女能詩善賦，才德兼備，但深目塌鼻，黑矮粗胖，相貌奇醜。許允行完婚禮，進入洞房，掀開蒙頭巾，才知道自己娶了醜婦，一氣之下走出洞房，另居書房，再不入內。家裡人屢勸不聽，都深以為憂。

過了幾天，阮女正在窗前讀《史記》，忽聽外面報說有客人來訪相公。阮女便命使女去看客人是誰，使女還報說是沛郡桓范相公，他是許允的好友，經常書信往來。使女擔心的說：「老爺獨居書房，視夫人如路人，太沒道理。如果桓相公再言論夫人，恐怕老爺更不會進屋了。」阮女毫不介意的說：「不用擔心，桓相公不是那樣的人，他一定會勸老爺進來看我的。」使女搖頭不信。

桓范聽了許允的訴苦，果然規勸他說：「阮家嫁女與你，自是對你有情意。聽說阮女容貌雖醜，卻是很有才德，賢弟萬不可因小疵而輕大德。」許允無法，只好進了新房。

阮女見丈夫進來，萬分欣喜，正欲起身迎接，但見許允來到身邊馬上又沉著臉要走，心裡又氣又痛，便向前拉住他的衣襟，低頭說道：「你我既已成婚，就是百年夫妻，理應朝夕相處，相敬如賓。怎能長居外屋，剛來即走呢？」

許允心裡一直不快，現在見她竟然拉住自己的衣襟，不讓出去，更加厭惡，便生氣的質問：「古

智慧是女人內在的力量

人云：德容工言，婦有四德，你具備了哪幾德呢？」阮女抬起頭來，從容答道：「新婦所缺，唯只容貌。其他女德、女工、女言皆無所缺，然而士有百行，君具有幾？」

許允傲然的說：「百行皆備。」

阮女見他毫無謙遜之意，便正色的說：「百行之中，以道德為首，你看人只看外表，好色不好德，第一行就不合格，能說是百行皆備嗎？」

阮女義正詞嚴，使得許允無話可說，面現慚愧之色。阮女見丈夫有悔悟之意，心中暗喜，便請他入座，又叫使女擺酒取菜，與許允對飲。許允見夫人言語溫柔，有德有才，也漸漸有了轉意，當夜就宿房中，家裡人方才轉憂為喜。

後來許允為吏部郎（官名），選官多用同鄉。魏明帝以為他結黨營私，賣官枉法，命武士逮捕了許允。臨行前阮女鎮靜的對許允說：「明主可以理奪，難以請求，這次面見皇上，只要講明用人選官的道理，萬不可一味哀求，那樣反會引起皇上的不滿，帶來大禍。」許允默記於心，隨武士走了。

魏明帝怒氣衝衝的審問：「先祖武帝一向任人唯賢，你選任同鄉為官，結黨營私，敗壞朝綱，該當何罪？」許允挺身答道：「陛下曾說舉薦官吏是國家大事，一定要舉薦自己熟知的人。臣之同鄉，都是臣所深知的賢人。春秋時，祁黃羊舉賢不避仇人，不遺親子。臣雖不才，敢忘先皇之訓？請陛下派人考查臣所舉薦的同鄉是否稱職。若不稱職，臣甘願領罪！」

魏明帝聽許允說得有理，就派人去考察，方知許允說的是實話，又恢復了他的職位。許允方知夫人有先見之明，越加佩服夫人才德，再也不嫌她貌醜了。

阮女其貌雖醜，卻贏得了丈夫的愛，是憑藉她內在的魅力、豐富的知識和絕妙的口才。當丈夫質問「婦有四德，你具備了哪幾德」時，她有退有進，言語得體，從容應對。之後就是反問，問得大才子許允無言可對。「好色好德」之談，是源於孔子「未見好色如好德者」，這樣就增加了批評的力度。當丈夫面露慚愧之色時，她並不是窮追猛打，而是見好就收。代之以含情脈脈的對酌，終於使丈夫回心轉意。而當許允遇上困難時，她洞察秋毫，分析中肯，提出處理問題的正確意見，使許允得免牢獄之苦，為丈夫排憂解難。阮女的才德之美，贏得後世人們的稱讚。

人的魅力不完全來自外貌，它主要來自人的內在力量。漂亮自然值得慶幸，但並不代表有魅力。人的相貌是天生的，人的審美觀念則是後天產生的，這自然也是客觀存在。外貌漂亮的確是一種優勢，但這個世界上那種天生尤物畢竟為數不多，大多數的芸芸眾生都是相貌平平，甚至是醜陋的也大有人在。其實醜陋的人也可以是美的，這就是其內在的品德修養所散發的魅力。

做一個聰慧迷人的知識女性

知識女性處於女性生活的最上層，享受的生活機遇比一般女性更充分，如受教育的機遇、職業機遇、婚姻機遇、晉升機遇、獲取高報酬的機遇等，因而知識女性應該是最快樂的女性。然而知識女性的生活現實卻並非人人如此。

首先，知識女性是職業女性或事業女性，最好的職業職位與最成功的事業也免不了給人帶來煩惱和困惑，因為責任重挑戰性更強。進入新世紀，科學技術日新月異、思想觀念不斷解放和發展，無疑為知識女性提供了史無前例的展現自身價值的更為廣闊的天地，但據聯合國統計，占全世界二分之一人口的婦女，她們付出了全人類工作時數的三分之二，但所得的報酬卻只有十分之一，她們所擁有的財產只有百分之一，職業女性中高薪階層只占百分之三至百分之四。在知識女性的職業生涯中，有許多無形的障礙：因為你是女性，應徵時可能敗於一個素質、能力比你差的男性；因為你是女性，你的工作能力可能屢受懷疑。女性常常頂著壓力加倍努力，付出比別人更多。對於知識女性，職業與事業的壓力是挑戰也是一種社會現象。

其次，知識女性儘管因為有知識而應追求高尚的事業並取得成功，然而，她們也不能缺少一個普通女性應該享受到的快樂。日常生活中，人人都有心理上、情緒上的低落、波動，這不僅與個人性格、生理週期、內分泌狀態等固有因素有關，而且非常容易受工作壓力、事業坎坷、愛情挫折和家庭不和等外界因素的影響，知識女性有壓力症候群更是屢見不鮮。有人說，做女人難。其實，做一個快樂的知識女性更難。

那麼怎樣成為一個快樂的知識女性呢？

第一，轉換角色觀念和行為模式，營造良好心境是知識女性的必修課。心理學家有一個形象的說法：「心境是被拉長了的情緒。」它使人的其他一切體驗和活動都留下明顯的烙印。俗話說「人逢喜事精神爽」，良好心境使人有「萬事如意」的感覺，遇事也能迎刃而解；消極的心境則使人消沉、厭煩，甚至思維遲鈍。知識女性因為有知識，最能成為快樂心境的主人。而要自覺的培養和掌握自己的心境，保持經久快樂，須謹記心理學家的十六字箴言：「振奮精神，自得其樂，廣泛愛好，樂於交往。」如果你感到不快樂，那麼你要找到快樂的方法，那就是振奮精神。常為自己所有而高興，不為自己所無而憂慮，就是自得其樂的主要方法。培養多種業餘愛好，可以陶冶情操，增加樂趣。廣泛交友更是保持心境快樂必不可少的環節。

第二，只有健康女性才會擁有持久的快樂人生。如果這一認識有道理，那麼知識女性應該努力成為健康女性。關於健康女性，尚無統一和明確的標準。按心理學分析，可從心理統計、心理症狀和內心體驗三方面去認識。按社會學解釋，則可以根據解決生活中所面臨的實際問題的能力作為標準。凡是能正確理解自己的社會角色，正確理解自己所處的社會環境，有能力解決自己所面臨的問題，有一定目標並為之努力的知識女性，一定是健康女性。

泰戈爾曾說，當上帝創造男人的時候，他只是一位教師，在他的提包裡只有理論課本和講義；

魚乾女變身手札

不要覺得多喝汽水就會有氣質

在創造女人的時候，他卻變成了一位藝術家，在他的皮包裡裝著畫筆和調色盒。上帝是沒有的，健康男性需要自己創造，健康女性更需要自己創造。有知識的女性不一定是健康的女性，也不一定有快樂的人生。健康女性應該成為知識女性的品質標準，快樂人生應該成為知識女性追求的人生目標。有了標準，有了目標，只要努力，一定成功。

第十二章　氣質與情感——懂愛的女人最動人

讓男人時刻注意你

美麗的女人人見人愛，但真正讓人神魂顛倒的，往往是具有魅力的氣質女人。氣質這種東西呢，也不完全是天生的，最重要的是要有魅態，不一定非要明眸皓齒，但一定要有一雙會說話的眼睛。魅眼迷離或流轉，或欲語還休的眼神，已能迷倒眾生，深情的痴望，又有幾人能不動情呢？

女子，也許先天並不美貌，並不窈窕可人，甚至沒有人說她可愛、有氣質，但是這一切並不是不可以改變的，事在人為，不管是誰！

第一，一定要學會時時的面帶微笑。

也許你並沒有笑意，也許家裡的小貓正在生病，也許你在暴怒，但請不要忘記微笑，而且讓它看起來是真實的充滿善意的，這樣比較容易消除對方的警戒心理，覺得你和藹可親。淡淡的一個微笑，頭部向右肩傾斜七度，左邊頭髮塞在耳後，右邊頭髮垂於肩，眸子慢慢在眼皮上方轉一轉，用那種勾人的眼神，試試看。

第二，要學會做事情一定要慢動作行事，這樣看起來比較優雅一點，特別是走路，萬萬不可粗曠凶猛的男人婆氣勢，嚇跑了男人不要緊，別嚇跑了喜歡你的那個人。走路時挺直腰桿，頭稍微上揚(不是叫你看天花板)，這樣會增加一點氣質。氣質這素養需要累積，貴氣與生長的家庭環境相關，你為什麼不讓自己也看起來高貴一點呢？

第三，善待自己。

女人似乎天生都有自虐的傾向，比如說一段感情明明不適當偏要沉淪、強求，而且都喜歡幻想被人拋棄。或者，前男友離開了，反覆的折騰企圖挽回他的心，挽不回了就要死要活的，何必呢？一個人不愛自己又如何去愛別人？

第十二章　氣質與情感——懂愛的女人最動人

讓男人時刻注意你

生活的瑣碎、沉痛的過往，都讓人充滿壓力，善待自己一點，試著發現生活的亮點，找到自我價值，會發現生活也是美好的，安排一下短期旅遊、長期旅旅，回歸一下自然，心會變得豁達，對人寬容，對己亦是。

第四，自信的女人才是最美的。

每天早上拿著鏡子對自己說，我真的很不錯。知道自己需要什麼、想要什麼，每個人都有他自己的能力，找到並實現他的存在價值。

第五，不要生氣。

周圍有太多的事情讓我們煩惱，大都瑣碎，且大多並非是自己的錯誤，我們要做的就是不要用別人的錯來懲罰自己。事已成定局，發脾氣只會讓自己更加狹隘，讓人覺得無容人之量難成大事。放下斤斤計較，讓人覺得你大度不是更好嗎？

第六，減少聊天次數，以免樹立三姑六婆、唧唧歪歪的壞形象。

保留一點神祕感，不要談論別人的私人話題，特別是感情方面的，你添油加醋的說完別人的閒話，誰都不會對這樣的人有好印象。羅馬不是一天建成的，好印象是積累的，產生壞印象容易，去掉可就難了。

第七，獨立自主，但需要他的照顧。

女人都有很多的脆弱，只是長大了，學會了如何保護自己，即便受傷也同小動物般偷偷的舔舐著傷口，白天繼續面對殘忍的世界。要「一不小心」的讓他知道你的脆弱。你偽裝的迷離眼神，渴望得到哪怕是暫時的安慰，讓男人不由自主的覺得自己很強大要好好的呵護這個女人。

第八，與眾不同。

沒有人會喜歡沒有思想的乖乖女。沒有自己的意見，也不要隨聲附和，人云亦云，即使是面對頂頭上司，也要有勇氣挑戰權威，更何況現在的老闆都喜歡有創新精神的員工，特點會讓人在平凡的芸芸眾生中脫穎而出，引人注目。

第九，魅力無處不在。

常常要對著鏡子練習魅力。微波輕語，誰不想呵護這樣的女子呢？魅力不僅僅是外在的更多是內在的，若是胸無點墨，到頭不過是一個胸大無腦的女子，上不得檯面，更多的要兼修內在的修養，不時的為自己充電。

最後，如果想要虜獲一個男人的心，不光這些，最重要的是欲擒故縱，放手讓男人想得到偏偏又得不到，讓人欲罷不能，撓得他心裡直癢癢，在他成功時用朦朧的崇拜眼光看著他，又不讓他知道你到底是喜不喜歡他；明明有話要說，卻又含嬌不語，那種能讓他看到的「內心」掙扎的表情，是男人看到都會心疼，即使是天南地北的吹牛話，在此時男人都會說出來，目的只為博紅顏一笑。

現在明白了為何有的人能受如此的嬌寵了吧！

施小愛得大愛

有時候，愛的付出展現在一些小事上，雖然費力不大，卻影響不小，可讓男人深為感動並懷念你的好，換得的是更深摯的關愛。

要想籠絡住意中人的心，就得從日常生活中的小細節入手，去打動他。以下為你提供幾種討他歡心的方法，相信會讓他加倍迷戀你。

探究他的口味

你有沒有注意過，他特別喜歡的小點心是什麼？也許是牛肉乾，也許是鳳梨酥，只要他說過，你能放在心上，那就最棒了。就算他從來沒說過，你也可以觀察到：上次買某種點心回家，他吃得好開心。這些，都是讓他快樂的「線索」。

「點心」當然不能當飯吃，天天吃，也不是人人都負擔得起，更何況天天吃就不稀奇了，還容易生厭。所以，不定期的買一樣他最愛吃的東西，寵寵他的口舌，那份點心裡便藏著濃濃的愛意。尤其是在你出差或旅遊的時候，若能記著給他帶回些他愛吃的東西，更能讓他開心不已。

謝謝他的「好」

當他為你做了一件事，不管那是需要花很多時間的「大事」，還是很容易做的「舉手之勞」的小事，你都可以鄭重的向他表示你的感激。一方面這是很好的習慣，表示他對你的好，你全都放在了心上；另一方面，這是絕佳的示範，讓你的男人也學會對你點點滴滴的付出都放在心頭。

送上細心而微小的體貼

什麼時候你最需要一杯熱茶或熱咖啡？

工作了一天，剛剛進門，身心俱疲的時候；受了一些挫折，心情不太好的時候；不為什麼，只是想一個人靜一靜的時候……如果你在這種時刻需要握一杯熱茶（咖啡）在手中，你的男人一定也喜歡。

不要等他開口，你就為他端來一杯熱茶（咖啡），然後離開，讓他獨處。如果他在臥房或書房，那就幫他輕輕的把門帶上。

這種貼心的照顧，如果不是最愛他的人，如何能做得到呢？

要抓心，先抓胃

也許你聽他講過，「媽媽的味道」如何讓他懷念不已，或者你自己也在他家吃過一道他最喜歡的菜，甚至，那道讓他迷戀的菜色是在某家餐館裡吃到的。首先，你要做的是虛心的向他的母親（或廚師）請教食譜；其次，你不妨找時間，把材料買齊，用「做實驗」一樣的心情慢慢的做做看。

可能第一次做得不太成功，不過沒關係，重要的是你的男人看到你這樣細心的要安慰他對某道菜的「鄉愁」，就已經感動得不得了！

製造美麗的意外

你知道他每天上班的路線嗎？什麼地方是他可能經過或出現的地方呢？公司唯一的電梯口？他習慣停車的那個停車場？公車站牌……

如果你有把握，大概幾點鐘，他會從哪個地方出現，你便可以偶爾給他這種驚喜——好好的策劃一番，和他不期而遇，把自己當做禮物，「送」到他面前。

你甚至可以玩這樣的遊戲：他快下班時在他公司附近的街角打電話給他，但別告訴他你在哪裡，最好讓他誤以為你在家裡。等他走出公司，赫然發現你在他面前，那種驚喜是很戲劇性的。

不過，可惜的是，這種遊戲大概只能夠玩一次，太頻繁他就沒有這麼好「騙」了，也沒這麼驚喜了。而且，這種驚喜不一定要安排在生日那天。可以只是兩人想出去吃個飯、獨處一下的時候，甚至也可以是平常的任何時候。

幫他梳梳頭，給他幸福感

當他洗完頭、濕淋淋的走出浴室的時候，你會做什麼？視若無睹？丟給他一條毛巾？或者，幫他把頭髮吹乾？

如果你能拎一條乾毛巾，親自為他擦拭，再用吹風機幫他吹乾頭髮，你的男人一定覺得自己很幸福。

把他當大男孩哄

男人傷心的時候，像個「大男孩」。這時的你不妨挨著他坐，雙手環抱著他，靜靜的陪伴著。能夠遞幾張面紙給他，當然很好。不過，如果因為要拿面紙而離開他身邊，不如乾脆不要拿，就讓他把眼淚落在你的衣襟上吧！

另一種親密的姿勢是：你站起來，摟住他，這時他的頭會正好位於你的胸前，讓他埋在你軟軟的胸脯上大哭一場，他的情緒很快的就能平靜下來。

這種姿勢有沒有讓你想起什麼？很像母親撫慰傷心的孩子。我們很容易發現，你的男人其實也是一個「大男孩」，怎樣能夠讓他得到最大的安慰，你還會吝嗇不做嗎？況且，你的善解人意與溫柔，一定會讓他感動萬千。

給他關懷更給他激勵

印象中的男子漢總是剛毅勇敢，俠膽柔腸。但戀愛不久，也許你會發現並非如此。

現代社會中，隨著生活節奏的加快，人們日益困惑和苦悶，特別是男性的心理負荷越加沉重。他們需要透過各種方式和管道發洩心中的鬱悶，以緩解緊張的情緒，尋求安慰和平衡。抱怨便是其中的一種方式。

對生活缺乏信心的人有如淤泥灘上的駁船，灰暗而毫無生氣。奧地利詩人里爾克有句名言：「挺住，意味著一切。」清醒而沉靜的面對生活，遠離焦躁和沮喪的人，其生命已進入一種境界，這需要長時間的歷練。

愛情不是盆景，精緻而脆弱。它是一株實實在在的樹，狂風襲來時人們需要它粗壯的枝幹當做依靠；赤日當頭時，人們需要它的樹蔭來做庇護。你應該提醒男友認識到自身對愛情應負的責任，而責任恰恰能成為生活的動力。

給他關懷的同時別忘了激勵，這樣才能使他不斷暗淡下去的生活得以重現光芒，愛情的天空才能晴朗，愛的翅膀才能「在不可言狀的幸福中棲落」。

戀人的「禁區」

戀人之間的親密無間，並不意味著什麼事情都可以做。如果你想牢牢的把握男友的心，不想讓他有一天離你而去，你就得明白，有些事情是絕對不可以對男友做的。即使你很自信男友已經非常愛你，也不可以這樣做。即使你想耍小聰明考驗他的愛情也會傷害他的自尊心，到頭來受傷害的反而是你。因此請不要對男友做以下的事。

1. 半夜三更打電話給他，並沒有什麼事情，只是為了好玩。
2. 約會兩次後，就告訴他已經拒絕了其他一切約會。
3. 為考驗他，大雨天約他出來而自己卻不去。
4. 男友來訪時還未起床，一副蓬頭垢面的樣子去開門。
5. 在公共場合大聲的對他比手畫腳，或在他朋友們的面前總對他用命令的語氣講話。
6. 當眾打斷他的話，對他的見解表示不屑。
7. 對他的行蹤追根究柢。
8. 無端指責他的朋友，並要他斷絕和朋友的往來。
9. 為了讓他陪伴自己而干擾他的工作，不允許他加班或出差。
10. 對他的真誠道歉拒不接受，一定要他跪下發誓。
11. 帶他參加朋友的聚會，把他冷落在一邊，自己和閨密們一起對他品頭論足，徵求閨密們對他的評價。

12. 要男友幫自己購買內衣、衛生棉等，或要他幫助洗滌內衣、襪子等。
13. 外出前，要男友等一小時以上，而自己對著鏡子翻來覆去的化妝。
14. 和男友一起涉足色情場所。
15. 謊稱自己的身世，誇大自己的作為。
16. 舞會上，把他置於一邊，自己頻頻的和另一位剛認識的英俊男子跳舞。
17. 約會一次後，便提出要拜見他的父母，或要求他來見自己的父母。
18. 糾正他的語病，讓他難堪。
19. 一見他與年輕女子說話，便趕緊走上前挽住他的胳膊催他快走。
20. 對他的衣食住行等一切包攬。
21. 經常要求他帶你去高級消費場所，即使是支出各負擔一半或全由你支出。
22. 不斷的暗示他，某某的男友多麼大方。
23. 總是對他提起以前的男友如何如何，無論是批評還是褒獎。

嘮叨——女人的一把刀

嘮叨，是一個女人致命的弱點，不僅使你失去優雅的形象，甚至失去愛情、婚姻，幸福也將隨之而去。

女人的明智之舉是戰勝嘮叨。不要認為嘮叨是女人的本性。

男人向來是討厭嘮叨的，工作了一天感覺很累，想趕快回家坐在沙發上喝杯茶，忘掉一天工作中的煩惱。沒想到一回家，妻子就開始嘮叨了：你總是空手回來，也不順便買點菜，就知道張口吃……

本來就心煩意亂的男人，本想回到家裡享受溫馨的家庭氣氛，驅散工作中的煩惱，沒想到妻子的一番嘮叨，不但沒驅散煩惱，反而使情緒變得更壞，結果怒氣中的男人就會與妻子唇槍舌劍。溫馨的家庭氣氛就這樣被破壞了。

儘管事後可能會言歸於好，但是如果妻子總是這樣絮叨個沒完沒了，久而久之，就會給幸福的婚姻增添上一層灰色的陰影。

也許，那些有外遇的男人，說不定就是因為整天聽妻子嘮叨，使他們難以在妻子的身上找到女人體貼的感覺，於是，在那些魅力女性的誘惑下，便墜入了外遇的深淵。

所以，每個想要幸福的女人，最好能戰勝嘮叨這個致命的弱點。

其實，每個女性只要從以下兩個方面去努力，嘮叨便可以被戰勝。

首先，培養自己把握動機與效果相統一的能力。嘮叨的效果往往適得其反，使丈夫厭煩、子女叛逆，同時自己還生了一肚子氣。如能多反思嘮叨的危害，便能走出嘮叨的深淵。

其次，可以透過同理心來培養自己戰勝嘮叨的能力。如果丈夫嘮叨你，子女嘮叨你，母親嘮叨你，你是否會心情愉快呢？

嘮叨是可以戰勝的，適時的控制自己，你就可以成為一個不失女人味的女人。

另外，輕意向別人訴苦也是一種嘮叨，也同樣需要戰勝。試想一個善於發牢騷、講怪話、怨天尤人、無病呻吟的女人，在婦女類型中肯定屬嘮叨型的，也是非常俗氣的。

這種行為，最初還有人聽，可是要不了多久，就沒有人肯聽了。因為，沒有人對你這些無聊的訴苦感興趣。家家都有本難念的經，誰也不會以聽你的訴苦為樂事。

在社會生活中，每個人都會經歷不愉快的事情。你總是憐憫自己，在別人面前訴說自己的苦惱，這樣不僅會使人敬而遠之，而且連自己的表情也會在不知不覺中變得很難看。諸如：嘴巴撅起、目光黯淡、愁眉不展和面容蒼老等。這些難看的表情怎麼都不會展現出優雅的氣質。

事實上，誰都有失望、悲哀和痛苦的時候。在這種情況下，女人們能否繼續用快樂的表情來掩蓋自己內心的痛苦，決定著女人能否衝出俗氣這張無形的網。

對此，女人們唯有依靠自己的力量，使自己擺脫困境，時刻保持樂觀的情緒，由此才能塑造優雅的人生。

維持幸福婚姻的祕密指數

俗話說，不幸的婚姻是各種各樣的，而幸福的婚姻卻是大體相同的。與人相處，尤其夫妻相處時，需要適當的姑息、原諒和包容。人與物的關係是簡單的，但人與人的關係是複雜的、互動的。隨心所欲的去改變一個人或傷害一個人，結果只能適得其反。這就像考試一樣，數字題可能只有一個答案，而人文題可以有兩個甚至更多的答案。例如：「男人做家事不如女人」，是耶？非耶？無標準答案，何必爭論！

讓我們來看一看維持幸福婚姻的十八個祕密：

1. 改變自己，不要改變對方。
2. 使用他的遊戲規則（有時）。
3. 反省你自己——你的態度、想法，你對他的滿意程度。
4. 永遠坐在駕駛員的位子上，做自己的主人。即使是結婚了，你也應該自己做主。
5. 討論什麼是好的，什麼是壞的，不是只有順從才可以激發愛意。
6. 理解強過互相攻擊。
7. 少說，多做。
8. 努力去愛對方的缺點。

9. 認識到在某些觀念上男人都一樣，對於女人都有幾乎一樣的習慣性偏見。
10. 認識到男人各有不同，每個男人都應該因為自己的特點而受到讚美。
11. 忽視小細節，例如你們的口味並非完全一樣。
12. 聰明的避免衝突，有一些分歧並不意味著你們不再相愛。
13. 讓自己釋懷，有很多問題是你自己引起的，你可以列個原因清單，你總可以找到讓自己釋懷的選擇。
14. 不要玩心理分析遊戲，你要做的是將感情傾注到他身上，而不是要細究他為什麼會這樣對你。
15. 不要認為彼此的愛理所當然，性吸引和深沉的愛都是強有力的，但又都是脆弱的。
16. 對於結婚不要太草率（一般來說，當你明白這一點時，都有些為時已晚）。
17. 停止怒目相向，有話好好說。
18. 小心關照他的自負。

為了爭不出是非的事生氣，是家庭生活中最常見的一大誤解。指責、埋怨、爭執的結果，只會破壞家庭的氣氛，傷害對方的感情，導致婚姻的失敗。

不求丈夫完美無缺，只求家庭保持甜蜜溫馨。有一首歌唱道：家本是快樂的，但願我們永遠保存家的快樂。

好點子讓丈夫更愛你

1. 上班時，打給他一個電話，不為別的只為彼此聽到熟悉的聲音。
2. 遠行出差時，抽空在忙碌的行程中，寫一封充滿愛意的信，告訴他你對他的思念。
3. 對男人而言，刮鬍子就和每天換洗隱形眼鏡一樣麻煩，也許有時你可以代勞，讓這項苦差事，變得更有趣。

4. 別掩飾你對他的讚許、感激，包括所有正面的情緒，讓他知道他的加油打氣是你最大的精神依靠。

5. 和他的朋友打成一片，對常常把義氣掛在嘴上的男人來說，哥兒們很重要，他不想為了愛情而失去友誼，如果你能和他們相處融洽，也是鞏固愛情的方法。

6. 如果你從來不下廚，選一個對你們意義非凡的日子，為他烹煮一頓愛的大餐。

7. 為他穿上一件性感睡衣吧！

8. 買一瓶男性按摩乳液，並親自為他塗抹。

9. 百貨公司折扣期為自己瘋狂購物的同時，也買件他期望已久的禮物，在下次獨處時送給他。

10. 找一個適合的夜晚，泡一壺香茶，放一曲他最喜愛的音樂，促膝談心，忘掉你們之間所有的不愉快，只談你們的夢想、希望和未來。

11. 買兩張他喜歡的電影、表演、球賽等票券送給他，並邀請他為你的座上貴賓。

12. 讚美他，用你不曾說過的話語。

13. 和他共洗鴛鴦浴。

14. 學貓在他身上耍賴、撒嬌。

15. 做愛時，化被動為主動。

16. 利用星期日早餐，和他一起躺在床上吃。

17. 陪他運動，即使是你最不擅長的運動。

18. 家庭聚會或朋友聚餐時，在眾人面前稱讚他，並且確定他聽得到。

19. 約他到風光明媚的郊外野餐。

20. 在出門前，替他打理上班的新造型。
21. 買下廣告上他看中的刮鬍刀用具，悄悄放到他的房間。
22. 在他心情沮喪時，告訴他你願做任何能讓他高興的事。
23. 當他出差返家時，給他一個熱烈的擁抱。
24. 在他最喜愛的餐廳，預訂一餐盛宴，現場演奏時，為他點播一曲愛之歌。
25. 突然的送禮物到他單位，讓所有人知道你對他的愛。

夫妻吵架「八不」原則

夫妻吵架時，應遵循以下「八不」原則，否則就會吵出毛病來。

動口不動手

動動嘴巴沒關係，一旦出手，很可能演變成「敵我矛盾」，肯定破壞感情。

不翻舊帳

有些過耳不忘的女人，把老公的糗事當做聖經，背得滾瓜爛熟，一吵架就如數家珍，巨細不漏，從多少年一路清算到現在。

別吵成一鍋大雜燴

有些女人的「唇槍」厲害，一捅出去，穿心刺肺；一收回來，還得帶下一塊肉。本來是吵他為什麼半夜十二點才回家，越吵越上癮，連他亂丟襪子、錢賺得太少也一起吵上，吵成一鍋大雜燴。

不搞「株連」

切勿一吵架就「問候」對方祖宗八代：「你媽沒教你……」「你跟你爸一個樣子……」這樣最容易傷感情，弄不好還會演變成家族大戰，那就有得吵了。

家醜不外揚

床頭邊能解決的事，就在床頭邊解決算了，有些女人不夠冷靜，一吵架就東家訴苦，西家哭窮，把丈夫的醜事往外抖。這樣不但會讓丈夫懷恨在心，還會讓外人看笑話。

不拿床頭之事攻擊他

男人最怕「性無能」，如果你說他「不行」，那就太讓他難過了；如果吵得外人都聽見了，那就更讓他傷心了，非惱羞成怒不可。

不要貶低他的外貌

個子不高，不是不求上進造成的；相貌不佳，你以前的眼睛怎麼看的？凡是對方無法更改的事都不要用作爭吵的話題。

不比舊戀

「當年我要是嫁給小王就好了」「阿強才不會像你這麼凶悍」……說這樣的話，會在對方心裡留下一個解不開的死結，甚至成為對方「背叛通敵」的理由。

婚姻十戒

婚變的紅燈不斷閃爍，離婚的現象日漸增加。離婚的原因是多種多樣的，而夫妻之間不懂得相處之道，往往也會成為離婚的直接導火線。

有不少家庭婚姻兩性專家，綜合研究了許多對離婚夫妻平日相處的表現，提出了夫妻十戒，可以作為改善夫妻關係的一面借鏡。

一戒：動輒提出離婚。在日常生活中夫妻吵架在所難免，問題是要正確處理這些矛盾，盡量把大事化小，小事化了。當爭吵激烈時切忌動輒提出離婚，並避免說出那些使自己以後後悔的話。

二戒：以自己的習慣統一家庭。在生活中人人都會有自己的一些生活習慣，對於別人的習慣，即使是些小毛病，也要善於容忍遷就。

三戒：經濟問題「獨自做主」。怎樣花錢並非小事，不少夫妻為金錢而反目。家庭開支要共同商量，夫妻之間如何用錢要有規矩。

四戒：無故遲歸和外宿。

五戒：回家出氣。在外面遇到不愉快的事，不應在家中發洩。在外面受了委屈，可以找個時間，把心裡的煩悶向對方傾訴。

六戒：「也許」念頭的出現。夫妻之間感情有了裂痕，切忌產生「也許我和另一個人結婚會幸福些」，「也許我不結婚反而更好」等念頭。

七戒：互相猜疑。猜疑是愛情的蛀蟲。夫婦雙方與異性的正常交往，切勿毫無道理的猜疑，更不要監視對方的正常工作生活。

八戒：在子女面前互相揭短。

九戒：婆家娘家分得清。兩個人的身邊還有各自的家庭和親戚朋友，在處理這些關係時，切忌厚此薄彼。

十戒：「男主外女主內」的思想。大多數家庭的夫妻都出外工作，夫妻應該平等的分擔家事，共同照顧好孩子。

聰明女人的「糊塗」氣質

常言所說的「大事要清楚，小事要糊塗」，即指對原則性問題要清楚，處理起來要有準則，而對生活中的一些小事，則不必認真計較。在日常生活中，我們對一些非原則性的不中聽的話或看不慣的事，可以裝作沒聽見、沒看見或是隨聽、隨看、隨忘，做到「三緘其口」。這種「小事糊塗」的做法，不僅是處世的一種態度，亦是健康的祕訣之一。

做女人，何謂「聰明」，何謂「糊塗」，糊塗到極致就是聰明，聰明到極致是什麼——聰明反被聰明誤。「機關算盡，太聰明，反誤了卿卿性命。」這是《紅樓夢》一書中對聰明伶俐的璉二奶奶王熙鳳的最後評述。所以說，做個糊塗的女人又何妨？

世人都願當智者，不願做糊塗蟲，更不會心甘情願的由聰明而墮入糊塗。然而事實上，人世間凡事複雜善變，我們不可能把每一件事都弄得清清楚楚，而且有些事情越是清楚越是讓人煩惱。所以古人有「大智若愚」和「難得糊塗」之說。

清代著名詩人、書畫家鄭板橋曾寫過一個橫幅：「難得糊塗。」橫幅下面還有一段小字：「聰明難，糊塗難，由聰明轉入糊塗更難……」當然，這裡所講的「糊塗」是指心理上的一種自我修養，意在勸人明白事理，胸懷開闊，寬以待人。所以真正難得的糊塗，是一種聰明昇華之後的糊塗；是一種涵養，心中有數，不動聲色；是一種氣度，得道高深，超凡脫俗；是一種運籌，整體把握，不就事論事。一個女人要是做到這些，她一定是最「糊塗」而又是最聰明的女人。

作為女人，對一些生氣煩惱也無濟於事的情況，要學會糊塗對待。「糊塗」既可使矛盾冰消雪融，又可使緊張的氣氛變得輕鬆、活潑，從而保持心理上的平衡，避免許多疾患的發生。當你處於困境時，

魚乾女變身手札

不要覺得多喝汽水就會有氣質

「糊塗」一點能使你保持心胸坦然、精神愉快，減少對「大腦保衛系統」的不必要刺激，還可消除生理和心理上的痛苦和疲憊。

在男女的愛情中，更是需要難得糊塗。愛之火把兩個人燒得傻里傻氣，囈語連篇。男人發誓說：「我要把月亮摘下來給你梳妝！」女人相信了。男人又發誓說：「我要把星星摘下來做你的項鍊！」女人又幸福的相信了。對於愛戀中的女人，男人的誓言就是甜蜜的明天，她們明白摘月亮摘星星是一堆永遠實現不了的空口諾言，但她們更明白這是男人們許諾給她們的體貼和浪漫。

其實，仔細想想，男人的愛情誓言差不多全是捉襟見肘的。如果女人認起真來，略加考證便可將男人的許諾駁得片甲不留。但女人竟然樂於相信和默許它。不得不承認，女人的這種糊塗，某種程度上展現了女人的精明。她們面對男人那一堆一堆的愛情諾言不作批駁，反而自己十分認真的從中尋找被愛的溫暖和幸福，她們一方面佯裝糊塗，一方面卻又體味著愛情的甜蜜。

有一位女士，如今已是不惑之年。人們都稱羨她的清醒和聰慧。可她先後認識了不少男朋友，到頭來還是孑然一身。男友向她許諾：「房子問題很快就解決了。」她便會深入男朋友的單位調查，然後批駁說：「分房子根本就沒考慮你！」男友向她許諾說很有可能要升遷，她又進入他的辦公室查證，最後又批駁：「你根本是在幻想。」於是她的男朋友一個個走開了。談到她的婚姻，大家都歎息說「她太清醒了。」

「水至清則無魚」，我想同樣適用於愛情，太清醒了也許就沒有瘋瘋癲癲的愛情了，漢字的「婚」字，拆開來看，就是一個「女」字和一個「昏」字，這很讓人玩味。假若女人不昏頭昏得稀里糊塗，說不定這世上就沒有愛情和婚姻。

世事沉浮，婚姻情愛，女人們還是糊塗一些的好。

況且糊塗的女人還可以更自我一點，自得其樂有什麼不好。何必非要做聰明女人，有一雙善於

第十二章　氣質與情感——懂愛的女人最動人

聰明女人的「糊塗」氣質

發現的眼睛，因為有些時候有些內容不用發現，或者不需要發現。

女人的一生都是美的，不同的年齡層會演繹不同的美。小女孩的美似山澗奔跑的小溪，洋溢著清新明快。少女的美似一灣湖水，恬靜宜人。成熟女人的美更像碧藍的大海，博大包容，靜謐深邃。女孩子在遭遇愛情進入婚姻成為女人後，便會成為集多種角色為一身的綜合體，這時的女人正是接受生活給你鑒定是否真正美麗的關鍵時刻，經過細細品味和感悟，進入這一時期的女人糊塗一些才是最美的。

水至清則無魚，也就是說凡事不能太認真了，別和自己過不去。試想如果我們在工作中做到非原則性問題不計較，細小問題不糾纏，不便回答就佯裝不懂，閒言碎語假作不知，以理智的「糊塗」化險為夷，以聰明的「糊塗」平息可能爆發的動亂。這樣不僅可以化干戈為玉帛，冰消雪化，雲開霧散，更可以使人心胸坦然，精神愉悅，從而消除心理上的痛苦和疲憊，何樂而不為呢？在對待愛情上我們也是應該這樣。

那麼什麼時候該糊塗且恰到好處呢？

1. 寬宏大度，胸襟開闊。糊塗的女人會不動聲色的相信和默認男人的愛情誓言。
2. 理解信任，明白事理。家庭生活中會遇到很多事，糊塗的妻子只會相信丈夫，不會捕風捉影，自尋煩惱。
3. 愛心在前，責備在後。如果丈夫偶爾購物興致勃勃的回來，妻子對丈夫買回的東西品頭論足，百般挑剔，男人心裡不煩才怪呢。糊塗的女人會投來欣賞的目光，口中念念有詞，買了就好啊。
4. 克制情緒，理智處事。兩個人在一起生活不可能總是風平浪靜，一旦發生爭執，倘若過度熱衷於搞清誰是誰非，一味的斤斤計較，或只顧發洩心中的憤恨，無異於「火上澆油」，結果反而會激化矛盾，對於身心健康沒好處。糊塗的女人雖然是苦中求樂，但卻找到了生活的樂趣。

最後，最重要的一點是：糊塗女人不等於傻女人。切記！

自尊自愛，做男人心中永不凋謝的玫瑰

女人漂亮的臉蛋與女人的氣質魅力不能相提並論，美貌會隨著時間流逝，魅力卻可以透過人格的完善、適當的化妝、得體的服飾以及自身修養的提升而得以延伸。

人格的完善包括女人的自強自尊自立自愛以及擁有一顆簡單而善良的心。

自強自尊讓女人在學習、工作、生活中用自己的努力得以保持女性的尊嚴。自強讓女人用自己的技能養活自己，讓女人用自己的技能證實自己無論對家還是對社會都不是多餘的。

自立的女性，不想自己像柔弱的藤蔓纏附在男人這棵大樹身上，自立的女人才更自信。男人喜歡賢惠的女人，但並不喜歡保姆型的女人。生活中有很多女人放下自己的個性和追求，封閉了自己的智慧和成長，把自己永遠固定在了保姆的角色裡，結果卻丟失了自己。女人若是丟失了自己，還有什麼魅力可言？

作為女人，更應該愛惜自己。維吉尼婭．斯代爾的《自我宣言》中有這麼一段話：「無論是事業，還是愛情上遇到多麼大的挫折，都應先從自愛做起，不再迷茫，不再自卑；讓自信的閘門阻擋住傷痛的淚水，在自愛的港灣裡重整新的希望；從對自己的認識中，樹立自尊、自信。以這種最基本的人生態度，去體驗人生的價值，生命的真諦。我們有時也許會做得不好，甚至很難做到。沒關係，只要我們願意去嘗試，不斷的學習自愛，鼓勵自己做獨一無二的自己，這樣，你的生命旅程會逐漸完美、充實……」自愛的女性，懂得珍惜與把握現在的美好。自愛，讓女人學會珍惜自己的身體，

珍惜自己的生命，懂得在沉重與輕盈之間熱愛生活。

擁有一顆溫柔平和而善良的心，用自己的樂觀笑對人生是女人的魅力所在。女人的笑燦爛而不張狂，給人以溫暖而不放肆的感覺。單位裡，女人用自己的微笑打破公司的沉悶，緩解職場壓力；在家裡，女人的微笑是丈夫眼裡最動人的風景，是孩子心中最美的圖畫，女人的微笑讓家變成避風的港灣。

一個親切的笑容，一聲溫柔的問候，一顆純真的心靈，才能構成一個讓人親不完愛不夠的女人形象。

不可否認，新時代的女人既要面對職場的壓力又要擔當起繁重而瑣碎的家務，所以容貌也易出現衰老之相。同齡的男女相比，女人往往要顯得老氣或老成一些。可是時代不同了，我們為什麼不學會保養呢？遍地如雨後春筍冒出的美容院，不正說明了女性也學會了愛惜自己？她們在閒暇時也學會了打扮自己，讓自己更具魅力。擁有健康的身體、良好的精神狀況，再加上現代美容的點綴：健身房的體型保持、適當的皮膚保養，再配上得體的服飾和一點淡妝。這樣的女人無論是二十或三十、四十、五十，都是一個魅力女人。一份清新、一份自然、一份優雅，便是魅力女人淡而攝魂的魅力。

李敖曾把女人愛美歸納為三個境界：第一個境界是化出來的美，沒事常跑跑美容院；第二個境界是吃睡出來的美，改善飲食，保證睡眠；第三個境界是學出來的美，多讀書，多積累知識，讓美從內心裡滲透出來。不難看出，李敖關於女人愛美的三個境界是遞進關係。一個女人不能只熱衷於護膚和美容，卻忽略了心靈的力量。女人要保持長久不衰的魅力只有多讀書，讀好書，不斷充實自己，提高自己的綜合素養。愛讀書的女人能及時整理自己紛繁的思緒，能理智的處理人生遇到的難題，也能不斷提高自己的內涵。

靜夜，忙完自己要忙的事，抽出喜歡而沒有看完的書，放一段自己愛聽的音樂，把燈光調得淡而合適，就這樣靜靜的看著或沉思著。這時的女人有幽蘭秀竹的氣質，有秋菊臘梅的暗香……

每一個女人都可以是一道獨特的風景線，讓世界因我們而更精彩！

第十三章　氣質與職場

——優雅氣質打造職場精品女人

甩掉嫉妒

嫉妒是一種卑劣的心理狀態。善妒者總愛和別人比較，凡事唯恐別人搶先一步。看到別人超過自己，他不怪自己不努力、不進取，只怨別人有本事，只恨別人比自己強。這種怨恨情緒，常會導致一些帶有破壞性的行為。我們平時不是可以見到如下的現象嗎？

如果你的腳步比我快，我就設法拖住你的腿；

如果我跑得慢，就變著法擋住你的道；

如果我的工作有失誤，就盼著你的工作也出差錯；

如果你獲得了成就和榮譽，我就否定、誹謗和抹黑；

如此等等。

妒火中燒，能使人頭腦發昏，喪失理智，甚至墮落到極其卑劣和凶殘的地步。古往今來，嫉妒就像一股禍水，不知害了多少人。

有人說：「嫉妒之心幾乎人人皆有，唯程度不同而已，有的人淡若輕風，有的人濃似烈酒。」不管怎麼說，我以為，只要做到以下幾點，就不難驅散嫉妒的煙雲：

胸懷豁達寬闊

胸懷豁達寬闊，對別人的成就和榮譽便能見賢思齊，而不會貶人抬己。

樹立敢於競爭、勇於進取的精神

崇尚奮發有為，鄙視嫉妒行為。依靠自己的本領拚搏，堂堂正正的與對手比高低。

要有自知之明

有自知之明的人，能夠正視自己的缺點。他們在別人的進步和業績面前，心境平和。

克服個人主義和虛榮心

說到底，嫉妒心理是由於個人主義和虛榮心在作祟。加強思想修養，克服個人主義和虛榮心，就會「心底無私天地寬」，把別人的成就和榮譽當做自己學習的榜樣和前進的動力，這是甩掉嫉妒的根本方法。

甩掉嫉妒，敢於承認自己的不足，是一種謙遜的美德，你也會因此而使心靈得到淨化，使你的修養上升至一個新的高度。

莫做「長舌婦」

「靜坐常思己過，閒談莫論人非」。這是人的一種修養，也是一個優雅女人必備的修養。一個善於傳閒話、好說東家長西家短的女人，不能稱其為優雅，倒是俗氣女人的典型。

俗話說：「三個女人一台戲。」似乎人們總有這樣的感覺，女人多的地方，是非總是特別多，愛鬧彆扭的、耍小性子的也比比皆是，她們總是東家長、西家短的傳播是非。難道女人圈就必定是一個是非圈嗎？

要想成為一個優雅的女性，就千萬要注意不可陷進各種是非中去，一不小心走進去了，那就趕緊走出來，常言說得好：「是非之地不可久留。」

然而，有的人天生就喜歡搬弄是非，你不能把這些女人統統從你身邊剔除出去，也不能天天躲避她們。

但是，怎樣才能擺脫是非的糾纏呢？其實，你總是可以有辦法盡可能避免讓這些人把你的生活弄糟，並盡量建立起正確的行為指導。

適當的對對方的看法、立場、挫折和困境表示理解。有的女人喜歡挑起是非，目的只不過是引起別人的注意。即使你只是假裝對其表示同情，也可以滿足其部分心理需求，這有助於你成功的擺脫對方。

互相尊重對方的隱私是避免產生是非的關鍵。首先是不主動探求對方的隱私。另外，也要尊重自己的隱私，不要隨便在別人面前談起。因為一個不尊重自己隱私的人，可能也是個喜好探求別人隱私的人。

不要輕易談論別人的不是，人前背後都不要議論別人，小心落個「長舌婦」的罵名。

有些女人總是喜歡評價別人的缺點，這些女人一發現別人的過失，就喜歡指指點點數落一番，而常常不考慮別人的感受和別人的自尊，這樣的女人是「長舌婦」的典型，永遠也脫不掉俗氣的外衣。

另外，你大可不必輕信別人的謠傳，更不要參與傳播謠言。因為「長舌婦」的形象永遠登不上優雅的殿堂。

學會制怒

女人是感性的，其情緒特別容易被外界的事物所影響。一片落葉、一朵凋謝的花都會牽動她們感傷的情懷。

面對生活中那些層出不窮的麻煩事，女人最容易發怒。所以，學會控制自己的怒氣，對女人來說特別重要。動不動就怒髮衝冠、大發雷霆、橫眉豎目的女人，並不是一個優雅的女人，充其量只能算是個潑婦。

如果你剛穿上一件新買的品牌牛仔褲出門時，突然被身邊一輛疾馳而過的汽車濺了一身汙水，你會不會火冒三丈？無論是誰，遇到諸如此類的事情，都難免會氣憤和惱火。在所有不愉快的情緒中，憤怒似乎是最難擺脫的。

對人的生理研究表明，人在發怒時會產生一系列的生理變化，如心跳加快、膽汁分泌增多、呼吸急促、臉色突變，甚至會全身發抖。

憤怒的人常會在內心演繹一套言之有理的獨白，並且，越來越生氣，最後一下子衝破理智的防線，不計任何後果的全部發洩出來。其實，發洩是一種最糟糕的方式。

你可以想像一下，在失控的情況下，情緒暴怒會給你的形象造成多大的影響，可能會讓你原本溫文爾雅的形象一下子變得面目全非。

事後，你可能也很後悔，覺得不該那麼衝動，事情本來可以用另一種方式解決的，但世界上是沒有後悔藥可吃的。發怒所造成的後果，有時是無法挽回的。

因此，女人們應該學會控制自己，學會盡量不發火而把事情解決好，這是智慧女人的表現。

消除敏感和猜疑

女人的感情是纖細的，在女性的交往中，它所產生的負面效應便是過度敏感和無端猜疑，以致無事生非、小題大做。本是別人無意中做的一件事或說的一句話，她卻認定此話是說給自己聽的，是在與自己過不去。看到與自己資歷和工作成績相同的同事被升遷，心裡就極不平衡，無端的猜疑她一定是靠什麼關係或給主管什麼好處了。由此造成誤會，影響了團結，甚至反目成仇。

升職時，梅和芬同是業務菁英，資歷也相同，各方面都不相上下，但名額有限，結果是芬上而梅下。這時梅想起兩天前曾看見芬在主任辦公室裡嘀嘀咕咕，見她進來便不說了，以此斷定是芬從中做了手腳。想到此，梅怒火中燒，從此與芬形同陌路。這樣的例子數不勝數。

女性之間相處，要多點友誼的情分，少一些功利性，在尊重別人的同時正視自己。交往中，切忌去鑽「牛角尖」，有時也需要「難得糊塗」，做到「心底無私天地寬」。

與人為善是克服敏感和猜疑的一劑良藥，也是相互間友好相處的基點。在交往中，如果你常常善意的去理解她人並將此表達出來，那麼你會贏得同伴的信賴，久而久之，同伴們會把你當做知心朋友，當你遇到難題的時候，她會熱心相助。

得體裝扮，做個職場佳人

在快節奏的大都市生活中，女性扮演著越來越重要的角色，尤其是在職場上嶄露鋒芒，與男人平分秋色。但在很多人眼中成功的職業女性似乎個個是「鐵娘子」，黑色的套裝掩蓋了女性的柔美，展現的只是幹練、剛強的一面。事實上，無論是叱吒風雲的女強人，還是小有成績的白領、金領麗人們，在職場上除了表現出練達外，堅持自信、理智，突出成熟、優雅的女人味兒也是格外重要的，而這一切都可以透過不同場合的得體著裝來提高吸引力和親和力，使自己成為眾人矚目的焦點，為成功增添砝碼。不同場合有不同著裝要求，如何讓自己成為職場俏佳人呢？這裡將為你提供詮釋著裝文化的完美解決方案。

必須備有深色西服三件套

西服套裝是白領麗人的主流職業裝，簡潔、大方、精練是其特點。深色不單是黑色，還有青藍、深灰、深灰藍等。此三件套分別為上衣、西裝裙、寬鬆長褲。在多數正式場合，它們可相互配套或分開搭配，使之充分顯示成熟、穩重與自信。

必須備有淺色無領三件套

此三件套由上衣、連衣裙、得體長褲組成，與深色套裝的外形特點拉開距離：上衣應準備一件長款，一件短款，顏色可一深一淺，領型一有一無；裙款亦應準備兩件，一件為西裝裙，一件為連衣裙；長褲可有兩條，一條寬鬆一條得體，這樣可以給服裝搭配留有較大的空間，展現不同的風格。

淺色無領套裝，內為短袖齊膝得體連衣裙。在秩序井然的辦公室裡，這套服裝能帶來舒適愉悅的心情。它亦可拆開穿用，脫去外衣，是淡雅的連衣裙，簡潔、輕巧，而又清新怡人。

必須備有款式多樣的襯衫

在嚴謹、格式化的套裝限制下，襯衫自然成了白領麗人展現個性和展示女人味的最佳選擇。襯衫應準備五件至八件，領型包括無領、高領、翻領、疊領等；顏色應有深色、淺色、灰色、印花等；衣長和袖長宜有長短之分。其中一款襯衫應可配裙成為兩件套，並可直接與套裝中的上衣搭配。

必須懂得組合搭配

在正規場合，白領女士穿一套「天地一籠統」的套服或套裙最為適宜，但如果平時也穿得過於「正式」，那不啻於自我「禁錮」。其實，套服、套裙也可以像其他服裝那樣拆開來重新組合，使原有的「稜角」化解，而平添一股舒適、隨意的韻味。比如一套上長下短的黑色西服套裙，將其拆開，下配一條黑底白花、懸垂感較強的絲綢長裙，休閒風馬上飄來；而短裙無論配什麼樣的上衣，都不失為明智的搭配，因為黑色是最理想的配襯色。又比如藍底白花的大擺裙及領、扣、包鑲裙料的藍色上衣的組合套裙，將其拆開，上衣既可配白色休閒裙、褲，也可配藍色休閒裙、褲，兩者皆可達到上下「呼應」的作用；而下面的大擺裙則可配藍、黑、白、黃等單色T恤，下鬆上緊，上短下長，同樣可以展現一種如水的休閒風。套服的重新組合搭配，必須注意以下幾點：一是盡量採用鄰色搭配和同色搭配，以營造一種和諧美；二是盡量採用長短搭配和鬆緊搭配，以營造一種參差美；三是盡量使上下布料厚薄一致，以營造一種材質美。此外，還應當注意在這些重新組合中輔以適當的配飾，方才能收到「畫龍點睛」的作用；比如素色上衣配光澤度較高的金銀首飾；休閒上衣配各種天然材質的首飾；白西褲上面配一件夕陽紅的絲絨緊身短袖衫，再佩戴一串珍珠項鍊，秀雅、端莊又不失性感；

而白西服則套在一條碎花純棉連衣裙的外面，再在腕上戴一對木質手鐲，其白領形象「硬中有軟」，不乏清新雅麗的女人味。

職業女性的自我修練

「明天我會失業嗎？」已成為每個人關注的話題，不管你是管理幹部還是基層員工，如同人的生命一樣，職業生涯也要不斷「投保」，只有平時日積月累地「投保」，不斷提高自己的「含金量」，將來的身價自然扶搖直上。怎樣才能使自己始終穩如泰山而不被裁掉呢？

積極進取言聽計從

對於積極進取、言聽計從的員工，任何一個老闆都難以「忍痛割愛」。如果閣下自問工作並不那麼積極，擔心被老闆劃入「米蟲」之列，則聽聽香港人力資源協會發言人的指導：「即使平日慣於偷懶，在表現評估前一兩個月都要積極，向老闆彙報自己的進修情況，談談幫助公司發展的計畫，與公司的『明日之星』拉拉關係，希望在討論裁員之時，請他們幫你說上幾句話，立體聲總比單聲道好嘛！」不要浪費時間去猜測老闆的心思，你一輩子也猜不透的。多數老闆喜歡以自己為中心，最喜歡聽自己講話，你只不時地用「嗯」、「是」等來回應他，就可以讓老闆相信你。向老闆提意見要慎重，古今聖賢，都不喜歡對方批評自己，更何況老闆，他花了錢請你來對他說三道四，你想，他會開心嗎？

「千手觀音」人見人愛

有些專業人士，自以為學歷高，拿著歐美文憑，就能身價百倍，一生不愁衣食，一旦被裁，就像突然掉進汪洋大海，撈不到一根救命草。這些專業人士之所以被裁，原因往往是他們只「專」於某一方面，未能成為公司工作的多項技能。因此，老闆在裁員之後，往往叫其他職員兼任離職人員的工作，如果你是千手觀音，上天能飛，入水能潛，老闆絕對不會炒你魷魚。職業諮詢專家認為，對公司最有價值的是「千手觀音」型的員工，如果想「立於不被炒之地」，就必須學習、學習、再學習。當會計的不妨學學行政管理，最好還懂法律，讓自己擁有多項技能，如果自以為是專業人士，抱殘守缺，不思進取，老闆隨時可以用一半的價錢雇用同等的「專業」人士頂替你的工作。「千手觀音」最大的特點是學習能力強。你應確保你的知識和技能是最新的，這需要你在百忙之餘，經常學習新的知識，如果你所在的單位提供某種培訓，一定得參加。

安其天下捨我其誰

這並不是說，離開你公司就不能運轉了，而是說離開了你，公司會出現不良的運轉。這時老闆就不能不考慮到裁掉了你可能得不償失。在裁員風波中，有些人認為公司無理解聘，自己當街叫屈。毫無疑問，這些人多半是沒有「埋堆」的游離分子。所謂埋堆，其實是參加一個無形的小團體，平日一起逛街、上餐館、去夜店，有錢一起花，有事一起幫，同事之間，更盛行「埋堆」，從建築工人到娛樂圈紅星，都自動結合成一個個小圈子，大有「一損俱損，一榮俱榮」之勢。既然游離分子被裁的可能性較大，所以職場專家傳授一個招數，叫做「擁兵自衛」。如果你有較好的資歷，或者「人緣」甚好，不妨招兵買馬，大量吸收游離分子「埋堆」，以鞏固自己在公司的地位，此招對於一些與營業額掛鉤，或者講究「班底」的行業，諸如酒店業、保險業，尤其奏效。從公司的角度看，主管一般會考慮你的去留給公司造成的影響，部門將因為你的離去而受損，部門主管就會謹慎，如果你的主管和工作搭檔根本就不在意你的離去，那麼就凶多吉少了。

核心人物穩坐泰山

如果你是做銷售的，就應考慮成為核心銷售人員。如果手上掌握有不同領域和重量級的客戶名單，這將使你不易因公司業務緊縮而被裁掉。即使你所服務的企業關門大吉，在重新就業時，你也可以很容易找到新的發揮你銷售專長的工作崗位，道理很淺顯，在經濟整體環境不景氣的情況下，銷售的重要性越顯得突出。如果你是技術人員，就應緊跟企業發展，提高業務能力。如果你所在的企業宣布進軍電子商務，你要非常清楚這些將對你產生何種影響，現在IT業的裁員經常是整個部門因為業務調整而被資遣。要想坐穩你現在的位置，就必須未雨綢繆，事先察覺公司的戰略變化，提高業務能力，使自己能夠承擔除了現在本職工作以外的其他工作。

化簡為繁消極自保

公司要裁員，老闆考慮的大前提是：用最少的人力維持正常運轉。所以，很多公司會將簡單、重複性的工作崗位裁掉，由其他職員兼著管理。工作任務簡單、有可能被裁掉的員工，如果想保住自己的飯碗，不妨試用「化簡為繁」的招數。其實工作的簡單與繁複，有時可以「因人而異」，例如將檔案輸入電腦，可以很簡單，也可以搞得十分複雜，關鍵在於操作者怎樣去處理。

方小姐在一家大型會議公司做企劃專員，每天要處理上百位外國與會人士、演講者的登記，她成功的建立了一套複雜的資料庫系統，全公司只有她才能運用這個系統。所以，老闆要維護公司的正常運作，就必須繼續雇用她不可，對於裁員，她是臨危不懼。

職業專家認為，「化簡為繁」這一招只適用於小公司，大公司分工較細，切勿亂試，如果搞得電腦系統亂七八糟，老闆會即時解雇你，另請新人回來重頭做起。

女性領導應首先成為美的化身

現代領導者是美的生活的組織者，也是美的生活的引導者；是美的生活的感受者，也是美的生活的創造者。作為領導者，自己首先應該是美的化身。

社會心理學有這樣一項試驗：在對兩組被試者分別加以修飾之後，使其中一組看起來風度翩翩，另一組則顯得隨便、邋遢，並讓其分別在走路時違反交通規則。其結果是：第一組闖紅燈時，尾隨者占行人總數的百分之十四，而第二組的追隨者只占百分之四。這說明，人的服飾、穿著具有很強的感召力。

以外表取人固不適當，但美的風度有利於提高領導者的威望卻不可置疑。領導者的威望來自於他崇高的理想、高尚的情操、博大的胸懷、堅強的意志和卓越的領導才能，而這些內在素質，一旦透過某些外在形式（如外表形象）反映出來，便成為某些領導者特有的風度而具有了相對獨立的意義。由此可見，領導者應該把外表美作為完善自身的重要目標之一。

領導者的外表形象，除了展示個人的氣質風度外，對所從事的事業也有很大的幫助。可以說，良好的外表形象是一個人事業成功的重要因素，對女人尤其如此。

英國歷史上第一位女首相柴契爾夫人，是一位對自己的衣著非常在意的人物。她對自己的化妝、服飾非常講究。在她身上，沒有一般女人的珠光寶氣和雍容華貴，只有淡雅、樸素和整潔。從少女時代開始，柴契爾夫人就十分注重自己的衣著，但並不標新立異、譁眾取寵，而是樸素大方、乾淨整潔。從大學開始，她受雇於班迪斯公司。她那時的衣著給人一種老成老練的感覺，因而公司的人稱她為「柴契爾大嬸」。每個星期五下午，她去參加政治活動時，都頭戴老式小帽，身穿黑色禮服，腳登老式皮鞋，腋下夾著一個手提包，顯得沉穩老練。雖然有人笑話她打扮土氣，但她卻有自己獨到的見解：這樣的打扮能在政治活動中取得別人的信任，建立起威信。她的衣服從不打皺，讓人覺得井井有條是她一貫的作風。從服飾方面注意自己的儀表形象，對柴契爾夫人事業的成功的做到了一定的作用。

領導者的形象具有雙重性：一方面是她本人形象的展現，另一方面又是她領導的那個組織的象徵。領導人形象不同，給人留下的她所領導的組織的形象自然也不同。領導者在與各界公眾打交道、參加各種社會交際活動時，展現出來端莊整潔、彬彬有禮的形象，會使公眾感受到其所在組織的整體型象，而這種整體型象又有助於該組織事業的發展。

日本著名企業家松下幸之助，在日記中曾記錄了這樣一件事：一次，他去理髮時，理髮師十分尖銳的批評他的儀容：「你是公司的代表，卻這樣不注重儀容，別人會怎麼想？連人都這麼邋遢，你公司的產品還會好嗎？」理髮師還建議，為了公司的形象，松下應每次都專門到東京來理髮。松下聽了理髮師的話，覺得很有道理，以後就非常重視自己的儀容，並要求所有松下的員工都這樣做。

隨著改革開放的不斷深入和全球經濟一體化進程的加快，女性更要注重自己的儀表形象，成為美的化身，以展風采。

超級女主管的成功心法

被誤作情侶時即時更正

職業女性尤其是女主管，免不了會有許多工作上的應酬，如與一名男士單獨吃飯、跳舞什麼的。不幸的是，在某些時候，尤其在晚餐時間，常會被人誤作夫妻或情人。當侍者走過來，自作聰明的喚你一聲「太太」時，你當然極不自在。禮貌上，應由男士作解釋，但男人通常不會即時作出反應，而是聽之任之，若無其事。一是懶得解釋，二是有意戲弄。遇到這種情況便自己解釋好了。

對男性下屬不得過度謙恭

做一個成功的職業女性，面臨著多方面的壓力。除了因為性別歧視，還面臨著男性下屬不願服從的麻煩。作為女主管，你對他用軟功，苦口婆心，他會看扁你，因此，對待這類男性下屬，沒有必要處處謙讓，而應拿出上級的權威，讓他感到你不是吃素的。當然，若能恩威並舉，是最有效的，只不過這種恩要建立在威的基礎上，對女性來說更應如此。

重視自己的職業形象

在一般人的觀念中，女性主管給人的印象是膽量不夠，眼光短淺，依賴性強。所以，要做的第一件事，就是叫男朋友不要在你上班時掛電話，也不要讓你的男朋友到公司來接你。更不要在眾人面前或在電話裡跟他撒嬌發嗲，這樣才能顯示出自己的工作責任心及起碼的獨立能力。

培養自己的獨立性

如果說在私下交往中，你還可以得到男人的關心愛護的話，那麼在工作中則不要完全期待得到男同事的關愛。要是你能幹，男同事反而會有受威脅的感覺。因此，女人在工作場所裡，儘管能得到男人口頭上的諸多關照，但一到實際情形中，則沒有誰會真心幫助你，唯一能依靠的只有你自己。

工作崗位上要公私分明

照章辦事，公私分明，這本是做工作的基本常識。但要在工作上嚴格照章辦事卻並不容易。通常，有些人便會鑽人情漏洞，不按常規辦事，男人做這些勾當，往往會設下愛情或友情陷阱，誘騙女同事往裡鑽。當女性迷迷糊糊尚不清醒時，讓女性在不知不覺中做了男人的工具。故女性有了辦公室友情或戀情時，遇到涉及公司的事，也要理智對待，不違原則。

不要傷害男人的自尊心

這並不是要你向男人拍馬屁，但你一定要明白，男人總是自信天下第一、無所不知、無所不能。這種自尊心實際非常脆弱，一遇到女人威脅到他的存在，便會產生抗拒的心理。所以你若想在一個現代的世界裡站穩腳跟，就必須懂得在適當的時候維護一下他們的自尊，並誇獎他們一兩句。但要記住：這種誇獎要有分寸，否則別人可能誤會你的意思，而讓你尷尬。

在相處中尋求共同點

男人面對職業女性時，常常手足無措，因為他所面對的女性，既是同事，又是個女人。在這種情況下，你設法消除他們的這種心理，努力尋求建立一個共同點，產生共鳴，使相處變得容易。

要想達到這個目的，先要知道這個人的喜好，方可對症下藥。比如都喜愛音樂，那你們便有了一個共同的話題，大家也可以自然的談公事以外的事了。另外男人同女人一樣，對自己的家庭和兒女都非常關心，所以問候他兒女的情況，也會慢慢消除他對你的敵意和戒心。

徵求男人的意見

徵求男人的意見也是一種讚賞。因為這表示你重視他的見解和經驗，讓他感覺到他存在的重要性。但你在徵求意見時，不要讓他覺得你事無大小都要過問一番，這樣會讓他覺得你根本沒有判斷力，不懂得抉擇。

你徵求男人的意見時要注意：

在公司，極不適宜和男人商量純私人性的問題，如家庭、丈夫、男朋友的問題等等，除非你和他私交相當不錯。

當然，諸如你想買汽車、投資股票或購買房子，又知道他在這方面有研究，就可以在輕鬆的情況下（如午飯、下班後）向他討教，包準會讓他覺得你有眼光而對你友善，以後也會自動向你提意見。

對於純屬公事性的問題，則可隨時提出，用不著不好意思。

對別人的情緒反應要敏銳

作為一個出色的女職員，要想和對方建立一種良好的工作關係，就需要擅長觀察別人的情緒，採取不同的辦事方式。要是你的上司在早晨心情特別好，那你便要看準時間，和他商討困難或提出升級的要求；若你知道他今天特別忙碌或剛開完會，非常疲倦，你察言觀色，千萬不要打擾他。

布置好你的辦公室

辦公室是自己可以控制的地方。裝飾好你的辦公室，不單代表你的職位和身分，更反映了你個人的風格氣質。你可以適當的把你的房間重新布置一下，或花錢購買一些裝飾品。這樣不但可以創造一個理想的工作環境，有時還能無形中增加你的威勢。

比如放一兩盆植物，但切忌把房間布置得太花俏，像女性的閨房。

不要掛海報，因為看上去好像大學生宿舍。如要掛畫，應選擇高雅的版畫或油畫，而不要掛風景畫。同時，要盡量減少把家人的照片放在房間四周或書架上。

提防別人有意「忘記告訴你」

在公司競爭中，有的人會不擇手段的拆你的台，一個能幹的女主管也不能倖免，一種最常用的手段就是同事有意向你洩露假消息或提供假情報，讓你在緊要關頭措手不及。比如：你需要某些重要的資料方可完成一項決策，而擁有這些資料的同事卻有意無意間把重要部分「忘記告訴你」，以致你的計畫難以完成，或因此而做出錯誤的決策。或者是定於後天召開的會議，妒忌你的同事明知你趕不完計畫，卻突然不動聲色的和上司商量提前到明天開會，使你的工作無法在開會前完成，給上司造成你懶散無能的印象。

不要在別人面前流眼淚

女性很容易用哭來要求想要的東西。但在一個工作的環境裡，這種女性化的情緒表現卻是不能容忍的。雖然這一哭，可能會立刻得到同情，但這只是一剎那間的事。從長遠的眼光來看，不但有損你的威嚴，也對你的事業形象有害。在有些情況下，男人能接受某些女人的眼淚，但對一位主管卻絕對不能。他們會鄙視動不動就哭的女人，並以此斷定該人不能做大事。所以，你一定要學會控制自己的眼淚。

學會客觀的接受批評

女人做事很容易主觀化，別人一批評，容易不經考慮而立刻為自己所做的事情作出辯護，找藉口說明自己是對的。但有時人會喪失客觀的判斷力，而讓人覺得不能接受建設性的批評。特別是受到上司的指責時，更會覺得難受。所以女人有必要不斷提高自己客觀的見解，學會接受批評。否則，你的同事和上司難以和你溝通，不能和氣的傾談，這對你是非常不利的。最好的方法是平心靜氣的聽他人說完，分析之後，覺得是對的便先承認過失，這樣的態度才會受人尊敬。

妥善的向下屬布置工作

女性一得到提升，便覺得自己更應努力，很容易事無巨細都親自接手而變得心力交瘁，精神不振。同時，如果事無巨細你統統包辦代替，下屬也會因此而事事依賴你，難以發揮整體的才能和配合。要改變這種被動狀況，你必須學會妥善的向下屬布置工作，明確哪些是該你親手做的，哪些是該下屬做的。要相信下屬並給下屬以鍛鍊的機會。不要身為主管仍做從前一般職員所做的工作，而應學習做領導，指導別人，從一個新的角度去展開工作。

多與同級或更高職位的主管交往

你若想保持女主管的形象，並要別人承認你這個地位，你應該與自己同級或更高職位的朋友來往，這並不是勢利眼而是現實情況。商業社會階層觀念特別受到重視，職位和朋友都是身分的象徵。你若留意的話，便會發覺別的主管都較多和主管級的人來往。

不要同當主管前的下屬朋友交情甚密

假如你做祕書時已和別的祕書成莫逆之交，之後，你脫穎而出，升了主管，便要避免與她們交情甚密。一方面不要讓別人覺得你還是擺脫不了女祕書風格；另一方面，她們亦會在你面前有諸多顧忌。因為訴說上司的閒話是她們的生活情趣，你若在場，會使她們感到尷尬。

恰到好處的運用批評警告

作為一個女主管，當面臨男性下屬沒做好工作而需要批評時，往往會覺得難以啟齒，擔心傷害男人的自尊心。但為了大局，你還是應該不顧情面，該批評的批評。在批評之前，最好先讚賞幾句，然後再具體的提出建設性的批評意見，並提供改進的方法。同時，不要在一群人面前批評下屬，也不要在一個下屬面前說另外一個下屬的不是。

第十四章　氣質與習慣——好習慣讓優雅定格

氣質，本身就是一種習慣

有人說，氣質是與生俱來的，而習慣是在後天慢慢養成的。其實這不儘然，氣質和美不能等同，氣質包容著美，氣質又左右著美；美可能與生俱來，但沒有習慣的錘鍊，就只配冠以「花瓶」的名字。曾有這樣一個場景：在廣場上，前面走著一位窈窕淑女，搖曳生姿。正當大家都向她行注目禮時，垃圾卻從她手中滑落，淑女悠然前行；而後面一位不起眼的女孩很習慣的把垃圾撿了起來……

生活就怕對比，兩個人都在人們心裡劃過一道痕，那個場景下的兩個人的行為都是分外刺眼，只是這痕跡停留的時間一定不同。

古語有云，「習與性成」，說的便是習慣對人的巨大影響。習慣在各個方面以一種近似頑固的姿態占據著我們的生活，成為我們評價別人或者被人評價的一個標準。而在評價中，我們卻通常不說習慣，這時取而代之的兩個字，就是氣質。不要相信別人好的氣質緣於天生。張曼玉經歷了二十年的時光才有了今日堅強淡定如鉑金般的光彩，奧黛麗．赫本的優雅也是她苦練芭蕾才有的結果。

那些關於她們氣質的描述，根本就在於她們自然的流露，這種習慣是一脈相承的，也可以說氣質是習慣的使然。習慣是什麼？說穿了，習慣不過是氣質的一種外在表現形式。那簡簡單單的一舉手一投足，一顰一笑，都是習慣在你生活中細節的表達和流露。

這種流露在別人看來似曾相識卻又難以研究，效之唯恐不及，有所期望卻又短期無法達到，這種喊破喉嚨仍無法用語言表達的感覺不正是它的魅力所在嗎？就像華麗的東西需要歲月的累積沉澱生輝，氣質也同樣需要生活的累積沉澱。

氣質游離於我們生活的左右，折射著我們的生活價值。當這種累積沉澱達到了一定厚度就成為高貴，也或者，成為一種象徵。

因為氣質本身就是一種習慣，所以說，有好習慣才有好氣質。

美國形象設計大師鮑爾說：「風格反映在外表，而優雅來自內在，它是你的自信及對自己的滿意，它透過你的外表、舉止、微笑展示。」可見，氣質對一個人的重要性。其實，氣質是可以透過習慣培養出來的。只要我們平時養成良好的生活習慣，那麼我們的言談舉止都會顯示出獨有的魅力。所以要想擁有好的氣質，就要養成好的習慣，讓我們從習慣開始改變自己，為塑造好的氣質而努力吧。

摒棄不雅的習慣性舉止

我們常常會遺憾的看到，一些衣冠楚楚、妝飾時尚的男女，在眾目睽睽下做出一些諸如擤鼻涕、搓泥垢、腳從鞋子裡鑽出來的舉動，讓其形象大打折扣，這就是沒有修養的展現。請你看完這段話後，就杜絕這些不良體態、儀態和習慣性的舉止：

不要當眾搔癢

搔癢動作不雅，而且由於你的搔癢動作當眾進行，會讓人產生聯想，諸如皮膚病等各種疾病，使別人感覺不舒服。

要防止體內發出各種聲響

生活經驗告訴我們，任何人對發之於別人體內的聲音都不太能忍受，甚至感到討厭。諸如咳嗽、噴嚏、哈欠、打嗝、肚子咕咕叫（腸鳴）、放屁等，這些響聲都會讓人覺得你不太舒服或是正在生病，別人會立刻感到受威脅或產生聯想，繼而產生厭惡感。

不要將菸蒂到處亂丟

抽菸的人在許多場合不受歡迎，究其原因就是人們認為吸菸者缺乏衛生習慣。如走路時抽菸，讓擦身而過的人害怕燒壞了自己的衣服或燙到皮膚；隨處點菸灰，使環境受到汙染；沒有燃盡的菸蒂又讓人害怕引發一場不該有的災難，而且隨處亂扔菸蒂，往往會損壞的毯、地板和環境。有些人還會在其就座的位置旁，隨手滅菸頭，致使菸頭留在窗台、牆邊、桌邊，讓人十分反感。

吐痰務必入盂

隨地吐痰是一種惡習，在一些不發達、不文明、環境惡劣的地方到處可見。遺憾的是身處文明之地，摩天大樓之中，身著時髦靚衣的人士有時也會發生這個問題，乘人不備隨地吐痰。這種讓人作嘔的行為應該堅決杜絕。每一個現代文明人，都應清醒的認識到，是否有人看見你隨地吐痰不是問題的關鍵，關鍵是因為這種舉動，證明你還處於愚昧、落後、骯髒的環境和階層。

在交際中還應避免的幾種不良體態：

1. 蹺起二郎腿，並將蹺起的腳尖朝著別人。
2. 打哈欠，伸懶腰。
3. 剪指甲，挖耳朵。
4. 跺腳或擺弄手指關節，發出「喀拉喀拉」聲。
5. 看錶，當眾照小鏡子。
6. 雙手抱在腦後，身子前後搖動。
7. 交叉雙臂抱在胸前，搖頭晃腦。
8. 雙腿叉開、前伸，人半躺在椅子上。
9. 揉眼，搔頭髮，搓鼻子。
10. 對著別人吐菸。

幾種影響容顏美的壞習慣

俗話說：「壞毛病易得，好習慣難成。」所謂的壞毛病，也就是在我們不刻意去修正自己的情況下任行為發展的不良結果。壞毛病在不知不覺中養成，然而它已經牢牢的印在我們的身上。以下，告訴你幾種影響容顏美的不良習慣。

過於豐富的臉部表情

由於臉部表情肌的頻繁收縮、舒張，牽拉皮膚運動，最終形成習慣的皺紋，像大笑形成的魚尾紋，皺眉形成的川字紋，抬眉形成的抬頭紋等。

俯臥的睡眠姿勢

長時間俯臥的睡眠，壓迫臉部皮膚、肌肉，會造成循環受阻，導致臉部浮腫，並可形成皮膚壓迫性皺褶。正確的睡眠姿勢應該是側臥式，這樣不但使臉部免受壓迫，而且使臉部肌肉充分放鬆，減輕疲勞。

習慣性單側咀嚼

咀嚼動作可以強健咬肌、顳肌，長期單側咀嚼會造成一側咬肌發達，臉部豐滿，而另一側肌肉萎縮，最終導致臉部不對稱。

吸菸、飲酒

過度的吸菸、飲酒，使血液中尼古丁、酒精含量過高，不但損害血管，影響皮膚對營養物質的吸收，而且刺激神經、消化、呼吸系統，導致睡眠品質下降，皮膚過度疲勞，不能進行正常新陳代謝，從而提早衰老。

睡前卸妝不徹底

暴露了一天的皮膚表面堆滿了油脂、灰塵和化妝品，這些物質不但阻塞毛細孔，使呼吸受阻、新陳代謝不能正常進行，而且給細菌繁殖提供了條件，所以，睡前一定要徹底清潔皮膚，保持呼吸通暢，並要補充足夠的營養物質和水分，以供代謝需要。

清潔、護膚方法不正確

我們每天至少要清潔兩次皮膚，如果方法不正確，不但達不到保養的效果，而且會適得其反，正確的臉部按摩方法應該是輕柔、緩慢的，方向與皺紋方向垂直，口部、眼部環行，額頭及臉頰部由下向上，由內向外。掌握了正確的方法，持之以恆，才能達到美容的目的。最好到專業的美容機構做個深層的皮膚清潔。

維繫女性儀態美的生活習慣

對於女人來說，有比美貌更重要的嗎？有，那就是動人的風度和儀表了。下列方法，可以幫助你充分利用你的身體，適時表現出儀表美態：

1. 保持身體的柔軟，不斷的做伸展、彎曲和擺動動作。
2. 保持身體正直，眼睛平視，這可以表現出你是一個心地坦然、和藹可親的人。
3. 多散步，尤其是清晨空氣新鮮的時候，大腿由臀部關節處做有節奏的擺動。開始的時候緩慢行走，直至走兩~三公里路為止。
4. 在大海中訓練你的身體對海潮起伏的感應，換句話說，即設法使其活潑主動。
5. 對著收音機或者唱片跳舞，隨著音樂節拍任意屈伸、搖擺及走動。
6. 設法使身體發展勻稱。不論你的身體是胖還是瘦，只要發展勻稱，動作協調，你便會感到動作輕鬆，舉止靈活。為此，你不妨多做一些健美操運動。

7. 相信你是健康的，排除疾病，並訓練耐力和敏捷，此項訓練可慢慢去做。

8. 相信你自己的智慧，否則你便會失去自信。

在生活中，將以上這些方法變成你的習慣，讓自己擁有健美的身體和健康的心理，你將會擁有更加動人的風度和儀表美。

女性維持節食的十八招

健美的身材，需要良好的飲食習慣維持。豐滿而健美的女性，若想使自己保持姣好的身段，需記住以下的招式：

1. 將自己理想的體重寫在紙上，張貼在你每天能看到的地方。
2. 若體重有所增加，記住這是自己的責任。
3. 避免油膩的食物，多食多汁的蔬菜。
4. 吃不是人生唯一的樂趣，你並非為吃而活。
5. 不要因為扔掉腐壞的食物感到可惜而勉強吃下。
6. 節食不是改變飲食習慣，而是為了創造一種新的生活方式。
7. 少吃多餐是制勝的原則。
8. 水不含任何卡路里，是節食的最佳飲料，每天至少喝八大杯。
9. 若接收的禮物是食品，不一定要吃下去。
10. 如果你不買東西吃，不動手做菜，你就不會吃下不該吃的東西。
11. 最笨的節食方法是將一天所需的熱量一頓吃完。

12. 不要在餐廳或者食品店流連忘返。
13. 做菜時，盡量不要加豬油、味精、麵粉或鹽，而以蒸、煮的食物為主。
14. 保持耐心，減輕體重不可能在短期內見效。
15. 小口吃飯，大口喝水。
16. 若有人請你赴宴，你不想去，就不要去。
17. 集中心志於你的減肥目標，而不是你的減肥障礙。
18. 記錄下每日進食項目以及減輕的體重，隨時對照鼓勵自己。

第十五章　氣質與心態
——優雅的氣質來自完美的內心

快樂的女人最可愛

有這樣一則故事。某日，無德禪師正在院子裡鋤草，迎面走過來一位信徒向他施禮，說道：「人們都說佛教能夠解除人生的痛苦，但我信佛多年，卻不覺得快樂，這是怎麼回事呢？」

無德禪師放下鋤頭，安詳的看著他反問道：「你現在都忙些什麼呢？」

信徒說：「人總不能活得太平庸了吧，為了讓門第顯赫、家人風光，我日夜操勞、心力交瘁。」

無德禪師笑道：「怪不得你得不到快樂，原來你心裡裝滿了苦悶和勞累，哪裡還容得下快樂呢？」

信徒頓悟，大慚，叩謝而去。

在我們生活中，也不乏這位信徒一樣的人，他們往往錯誤的認為：一個人活得春風得意，或者功成名就，他才算真正得到快樂。

其實，快樂從來不取決於人所有財產的多寡、地位的高低、職業的貴賤。快樂是這樣一種東西：你希望擁有它時，它與你不離左右；淡薄它時，它便逃遁得無影無蹤。你快不快樂，完全取決於你有沒有一種美麗的心境。

是的，快樂就是一種美麗的心境。

某人問一位成功男士他最欣賞哪種女人？儘管詢問者已在心裡預備好了幾種答案。可沒有想到，這位男士卻說：快樂的女人最可愛。

原本設想的那些答案一個也對不上，這位男士絕口沒提漂亮、能幹、堅強等，而是選擇了一個最普通的字眼。

這位男士的話足以讓女人們長久品味。女人們一直渴望自己能成為一個漂亮、能幹而堅強的女人，但卻很少考慮過如何成為一個快樂的女人。那位男士說漂亮、能幹的女人固然好，但真正打動人心的還是快樂的女人。

環顧身邊的女人，漂亮能幹的也不少，但她們中間卻很少有生活得十分快樂的。她們不是對枯燥的生活不滿，便是在追求許多東西的過程中喪失了快樂。

快樂的女人也許不是出色的女人，但她卻是掌握人生要義的女人。假如一個漂亮的女人不快樂，那麼她的漂亮和能幹又有什麼意義？

而一個快樂的女人知道怎樣熱愛生活，知道怎樣讓生命更有意義的度過。她們懂得知足，因為充滿太多欲望的心是不會享受到快樂的。快樂的女人生活得有情趣，她們使平凡的生活變得有滋有味。快樂的女人具有一顆愛心，無愛的女人是不會真正快樂起來的。

快樂的女人不會給自己和別人帶來負擔，以事業為重的男人在工作之餘不願再看到美女的「冷」和女強人的「硬」。而那種快樂、自信的女人就像一縷春風，給別人帶來輕鬆愉悅。快樂的女人身上有一種無形的光芒，吸引著你走向她。許多女人在內心深處也都渴望擁有快樂，但這種快樂往往被她們所承擔的社會角色所掩蓋。

女人最美的時刻也是最快樂的時候。快樂是很容易得到卻難以把握的，快樂也不需要任何庸俗的東西來做載體。

也許你什麼都沒有，但只要擁有快樂，那麼你就是這個世界上最富有的人。

所以做一個快樂的女人吧！

不要總是吹毛求疵

塞萬提斯的名著《唐吉訶德》中有個使女叫蕾歐內拉，她對她心目中的情人作了種種幻想，在蕾歐內拉看來，真正的情人應該是完美無缺的。這樣的情人，蕾歐內拉找到了沒有，小說沒有提及，但恐怕誰都可以斷定，這樣的情人是一輩子都找不到的。

「水至清則無魚，人至察則無徒。」一個求全責備、吹毛求疵的人是找不到朋友的，因為他們要求結交的朋友，一點缺點都沒有，處處跟自己合得來，這是不可能的事。

現實社會中，每個人都有自己的優點、長處，也存在缺點短處，因此我們與人相處也好，交朋友也好，都不要死盯著人家的缺點不放，而要看重其良好的方面，主要的東西，正像魯迅先生所說的：「我還有不少幾十年的老朋友，要點就在彼此略小節而取其大。」

而在現實生活中選擇朋友，「略大節而取其小」，不從對方的思想道德、品質方面著眼，而斤斤計較於對方的「形象」、「氣派」，看到一些穿著講究、手腳大方的人便趨之若鶩，對那些衣著平常，性格內斂者卻挑三揀四，這樣的人很難真正找到知己。過於挑剔的結果便是到頭來你會一無所有。

自信的女人最美麗

在女人的諸多優雅品質中，「自信」應列於前位。因為評價一個人的氣質是否優雅，大多都要看他們自信心的強弱。一個缺乏自信心的女人是不會傾倒眾生的。

自信，讓女人神采飛揚，讓普通的裝扮平添韻味，自信給女人以優雅的氣質，使出色的自己更加光彩奪目。

自信，源自對自己現存的肯定。現實生活中沒有完美的人，我們只是在不斷追求完美。所以，不要再為上天的吝嗇而大傷腦筋了，整體型象的優雅比任何局部的美都重要。

自信，是一種精神狀態。它使人的內心充滿睿智，形象雍容典雅、光彩逼人。正所謂水因有龍而靈，山因有仙而名，女人因有自信而雅、因有雅而美。

自信的女人從容大度，揮灑自如，雙目中投射出安靜、祥和、堅定的光芒。對於那些事業有成

第十五章　氣質與心態——優雅的氣質來自完美的內心

自信的女人最美麗

的女科學家、女企業家、女作家以及在舞台銀幕上耀眼的女明星們來說，自信使她們更美麗、更誘人、更具魅力。

相信自己，坦然面對現實，自然流露優雅。那麼想不傾倒眾生都是不可能的。

學會自信，還要學會正確的自我欣賞。自我欣賞絕不是自戀，它是由理智、客觀的對自己的認識所引發出來的自信。而這種自信會使女人在為人處事上表現出從容、大度、優雅的氣質，不陷入世俗的漩渦中。

能正確自我欣賞的女人，大多是有智慧、有修養的女人，她們既鋒芒外露又內斂，既聰明又有內涵，在她們身上最能展現優雅女人的本色，她們既不盲目自卑，更不盲目自大。

懂得自我欣賞的女人光彩照人，落落大方，在她們燦爛的笑容裡有一股神聖而高貴的氣息，讓男人們在仰慕的同時又有些敬畏。

培養信心的五種方法

1. 約束自己，務必忍耐、等待、絕不灰心，告訴自己「我擁有創造優秀人生的能力」。
2. 深信不久的將來，願望一定能實現，所以請每日花三十分鐘詳細描繪自己成功後的面目。
3. 相信自我暗示的偉大力量，所以請每日花十分鐘集中精神做自我暗示。
4. 將自己的「人生目標」明確的寫在紙上，而後一步步堅定信心，向前邁進。
5. 明白與正義、真理背道而馳的財富及地位是不會長久的。「成功不可建立在別人的痛苦上」，應有體貼之心，拋棄憎恨、嫉妒、任性、諷刺，以愛己之心去愛他人。每日大聲誦讀這些「誓言」，告訴自己：「我的信心很堅定，我一定能成功！」

信念實際是由「大自然的法則」所策動。因此這五項公式應正確的使用於建設性的目標，才有助於人類的進步；如錯誤的施之於破壞性的目的，只會帶來大悲劇。

另一個必須認清的事實是：那些被失敗、貧窮、絕望所打垮的人們，就是因為他們在不知不覺中，錯用了自我暗示的法則。

樂觀，讓女人永保青春

樂觀是一個人在生活中最需要的良好情緒。永遠保持樂觀心態的女人，她的生活一定是充滿陽光的。

「擁有樂觀的女人，就會擁有燦爛的心情」。

「擁有樂觀的女人，就能臨危不懼，坦然的面對困境」。

如果你仔細研究一下成功女性的心理特徵，就會發現樂觀是極其突出的一個因素。

如果你想要識別一個女人是否具有樂觀的心態，不妨拿出半杯酒來，放在她的面前。

樂觀者見到酒後會這麼說：「啊，真好，居然還有半杯酒。」

而在悲觀者那裡，情況則是這樣的：「哎，怎麼只有半杯酒。」

認真的研究數千年的人類生活史，科學家們發現了許多影響健康的因素——疾病、事故，甚至小小的妊娠反應，它們使人們在精神上和肉體上都遭受了痛苦。

然而科學證明，疾病不一定完全是由病菌引起的。所有的人都帶有病菌，但卻很少成為疾病。與引起疾病的原因有密切聯繫的，往往是人們對生活方式的反應。

生活中有壓力，會給人們帶來焦慮，甚至導致悲觀想法的出現。這麼一來，引起畏懼和憂慮的因素壓抑了許多身體機能，也同樣壓抑了體內抗體的產生。

悲慘的境遇，也可能導致在情緒平衡方面起作用的內分泌系統的紊亂。一個情緒混亂的人，是極易發生意外事故的。

怎樣才能使自己成為一個樂觀向上的女人呢？

1. 找出生活中，你已完成得很出色的工作，把它們記錄下來，找出其中屬幸運的成分，並總結其中的教訓。
2. 將出現的問題看成是訓練自己的機會，排列出妨礙你前進的壓力。將問題依照：是什麼——為什麼——怎麼辦的順序進行分解，然後試著逐個去處理，以此要求自己發揮出最大的創造力和潛能。
3. 無論身處何種緊張的境遇，都應學會使自己處於放鬆的狀態，以肯定代替否定，以建設性的批評幫助代替沒有幫助的批評。採用深呼吸的方法，來緩解自己的緊張心情。
4. 一早起來應鼓勵自己：「這又是我快樂的一天。」「一切都會變得好起來的。」「今天我定能做得更好。」

晚睡時，回顧一天的活動，對自己說：「這件事做得不錯，再接再厲吧！」「那件事雖然有點糟糕，但以後換一種方法，情況就會不同了。」

5. 心靈樂觀的最直接的方法是與成功者和樂觀主義者交往。這樣做能使你在現實和樂觀的場合中去觀察研究，同時要大膽發表自己的見解，進而對自己的能力保持樂觀態度。
6. 關心自己的健康。治癒可醫好的病痛，預防可預防的疾病，享受每一刻可能得到的休息。

幽默為女人的氣質錦上添花

一個女人，她很溫柔，很嫵媚，她有智慧，善交際，如果同時她也很幽默，讓與她相處的人總感到愉快，這樣的女人無疑是非常有吸引力的，她會吸引異性，而同性也願與她交往。因此幽默為女人的魅力起到了錦上添花的作用。

幽默是人的思想、意識、智慧和靈感的結晶，幽默風趣的語言風格是人的一種內在氣質的外在展現，在公關交際中有很重要的作用：

1. 幽默能激起聽眾的愉悅感，使人輕鬆、愉快、爽心、舒情。這樣可活躍氣氛，便於雙方交流感情，在笑聲中拉近雙方的心理距離，讓人感覺你很有親和力，願意與你交往。

2. 幽默的一個顯著特點是透過輕鬆的形式表現真理、智慧，於潛移默化之中顯現出深刻的意義，在笑聲中給人以啟迪和教育，產生意味深長的美感趣味，讓人領略你的智慧，看到你的與眾不同之處。

3. 幽默風趣還可使矛盾雙方從尷尬的困境中解脫出來，打破僵局，使劍拔弩張的緊張氣氛得以緩和平息，使你獲得更多的朋友，在人際交往中能夠做到遊刃有餘。

4. 幽默風趣還有利於塑造交際中的自我形象，因為幽默的風格是良好性格特徵的外露。

對每個女性來說，幽默風趣的語言風格固然有先天因素的影響，但更有後天的習得。女性應掌握一些構成幽默的方法，並在語言表達中加以運用。

在日常的生活中怎樣培養自己的幽默感呢？

1. 積極樂觀的心態。幽默的心理基礎是樂觀、積極向上的心態。一個悲觀頹廢的人是沒有心情幽默的。要培養自己的抗挫折能力，做事情不怕失敗，即使失敗也要看到事情積極的一面，而不是一味的怨天尤人。

2. 自信。真正幽默的人，其實是自信的人，不怕被人嘲笑，而且非常善於自嘲，這種自嘲實際上是建立在自信的基礎之上。

3. 敏捷的思維能力。幽默的人是智慧的，因為幽默常常需要機智。而且幽默的人觀察事物有自己的角度，不因循守舊，對事物有自己的看法，觀點新穎。因而常常出語驚人。

4. 要培養理解能力。真正的幽默，需要用心體味。更要能欣賞別人的幽默。
5. 語言表達能力。豐富的詞彙有助於表達幽默的想法。如果詞彙貧乏，語言的表現能力太差，那也無法達到幽默的效果。空閒時多看看幽默故事、機智故事、腦筋急轉彎等等，從而訓練思維的敏捷性，平時還要注意學習積累，豐富自己的詞彙。
6. 多與人交往，多學習新的知識，有廣博的知識才能天馬行空，不拘一格。孤陋寡聞的人是很難有真正的幽默的。

擁有自我，不為別人而活

有個人一心一意想升官發財，可是從年輕熬到斑斑白髮，卻還只是個小公務員。這個人為此極不快樂，每次想起來就掉淚，有一天竟然號啕大哭起來。

一位新同事剛來辦公室工作，覺得很奇怪，便問他到底因為什麼難過。他說：「我怎麼不難過？年輕的時候，我的上司愛好文學，我便學著做詩，學寫文章，想不到剛有點小成績了，卻又換了一位愛好科學的上司。我趕緊又改學數學，研究物理，不料上司嫌我學歷太淺，不夠老成，還是不重用我。後來換了現在這位上司，我自認文武兼備，人也老成了，誰知上司喜歡青年才俊，我……眼看年齡漸高，就要被迫退休了，一事無成，怎麼不難過？」

可見，沒有自我的生活是苦不堪言的，沒有自我的人生是索然無味的，喪失自我是悲哀的。要想擁有美好的生活，自己必須自立自強，擁有良好的生存能力。沒有生存能力又缺乏自信的人，肯定沒有自我。一個人若失去自我，就沒有做人的尊嚴，就不能獲得別人的尊重。

活著應該是為充實自己，而不是為了迎合別人。沒有自我的人，總是考慮別人的看法，這是在為別人而活著，所以活得很累。有些人覺得：老實會吃虧，被人輕視；鋒芒太露，又引來責怪，遭受壓制；甘願得過且過，實在活得沒意義；有所追求，卻每走一步都要加倍小心。家庭之間、同事之間、上下級之間、新老之間、男女之間……天曉得怎麼會生出那麼多是是非非。你和新來的男同事有所接近，有人就會懷疑你居心不良；你到某領導辦公室去了一趟，就會引起這樣或那樣的議論；你說話直言不諱，人家必然感覺你傲慢自負，目中無人；如果你工作第一，不管其他，人家就會說你不是死心眼太傻，就是有權欲野心……凡此種種飛短流長的議論和竊竊私語，可以說是無處不生，無孔不入。如果你的聽覺視覺尚未失靈，再有意無意的捲入某種漩渦，那你的大腦很快就會塞滿亂七八糟的東西，弄得你頭昏眼花，心亂如麻，豈能不累呢？

如果你期望人人都對你看著順眼，感到滿意，你必然會要求自己面面俱到。可是即使你認真努力，去盡量適應他人，能做得完美無缺，讓人人都滿意嗎？顯然不可能！這種不切合實際的期望，只會讓你背上一個沉重的包袱，顧慮重重，活得太累。

我們無法改變別人的看法，能改變的僅是我們自己。每個人都有自己的想法，每個人都有自己的看法，不可能強求統一。討好每個人是愚蠢的，也是沒有必要的。與其把精力花在一味的去獻媚別人、順從別人上，還不如把主要精力放在踏踏實實做人、兢兢業業做事、刻苦學習上。改變別人的看法總是艱難的，可改變自己總是容易的。

有時自己改變了，也能恰當的改變別人的看法。光在乎別人隨意的評價，自己不努力自強，人生會苦海無邊。別人公正的看法，應當作為我們的參考，以利修身養性；別人不公正的看法，不要把它放在心上，以免影響今天生活的心情。

七分的現實，三分的超脫

你生活在這個現實世界之中，然而你的心靈卻超脫於現實世界之外。

你懷著七分的現實，三分的超脫。於是你的現實人生之中，總有著異乎尋常的部分，於是你便變得快樂。

或許瑣碎的家務剝奪了你生命中的大部分浪漫情調，或許歲月的年輪剝蝕了你的寶貴青春，或許枯燥、單調的生活內容消磨了你的熱情……但如果你堅持做每一個人必須做的事，又不把自我囚禁在其中，那麼你可愛的真性就會突破歲月與家務的束縛，清楚的表現出來。

當你在拖地板或收拾雜物的時候，你並不因為每天都忙於這種單調的生計而煩惱，而是輕輕的哼著一首童年的歌曲或輕鬆愉快的小調，讓你的思緒不是停留在事務之中，而是飛到美好的回憶之中；當你在煮飯的時候，同時與愛人說著公司裡的新聞；在吃飯時，你說一個笑話，引得愛人和孩子哈哈大笑，食慾大增；你靜靜的試圖在每一件小事上都去捕捉一下它的意義；當家庭出現困難時，不要埋怨愛人，要安慰自己，學會幽默的對待生活；在節日假日穿一套漂亮的衣服，像初戀時一樣和愛人一起逛街；也許你們好久沒上公園或出去散步了，試試看，吃完晚餐後不要坐在沙發上看電視，而是把自己打扮得煥然一新，和愛人一同上公園散步，坐在公園的「情侶椅」上，回憶以前的美好時光；或許你們結婚以後就沒有去餐館了，選一個愉快的日子，在他（她）下班之前打電話給他（她），約定到某個餐館見面，共進晚餐，並談論以前或未來的事情。

總之，要不斷改變自己，不斷創造新的情趣，不要沉溺於鍋碗瓢盆和瑣碎的事務之中，要善於從事務中跳出來，從習慣中脫出來，不斷創造新的感覺，那麼你將永遠是一個快樂的女人。

學會淡泊，做一個優雅的淡然女人

心靈的平靜是智慧美麗的珍寶，它來自於長期、耐心的自我控制。心靈的安寧意味著一種成熟的經歷以及對於事物規律的不同尋常的了解。

錢鍾書先生說：「世界就像個圍城，城裡的人往外擠，城外的人往裡擠。」生活中的確如此，身居繁華都市的人，往往追求寂寞平靜的田園生活；而身在深林竹海的鄉下人，卻又很是嚮往燈紅酒綠的都市生活。

其實，平靜是福，真正生活在喧囂吵鬧的都市中的人們，可能更懂得平靜的彌足珍貴。與平靜的生活相比，追逐名利的生活是多麼不值得一提。平靜的生活是在真理的海洋中，在爭流波濤之下，不受風暴的侵擾，保持永恆的安寧。

人人嚮往平靜，然而，生活的海洋裡因為有名譽、金錢、房子等在興風作浪而難得寧靜。許多人整日被自己的欲望所驅使，好像胸中燃燒著熊熊烈火一樣。一旦受到挫折，一旦得不到滿足，便好似掉入寒冷的冰窖中。生命如此大喜大悲，哪裡有平靜可言？人們因為毫無節制的狂熱而騷動不安，因為不加控制的欲望而浮沉波動。只有明智之人，才能夠控制和引導自己的思想與行為，才能夠控制心靈所經歷的風風雨雨。

是的，環境影響心態，快節奏的生活，無節制的對環境的汙染和破壞，以及讓人難以承受的噪音等等都讓人難以平靜，環境的攪拌機隨時都在把人們心中的平靜撕個粉碎，讓人遭受浮躁、煩惱之苦。然而，生命的本身是寧靜的，只有內心不為外物所惑，不為環境所擾，才能做到像陶淵明那樣身在鬧市而無車馬之喧，正所謂「心遠地自偏」。

平靜是一種心態，是生命盛開的鮮花，是靈魂成熟的果實。平靜在心，在於修身養性，平靜無處不在，只要有一顆平靜之心。追求平靜者，便能心胸開闊，不為誘惑，坦蕩自然。

有一個小和尚，每次坐禪時都覺得有一隻大蜘蛛在他眼前織網，無論怎麼趕都不走，他只好求助於師父。師父就讓他坐禪時拿一枝筆，等蜘蛛來了就在牠身上畫個記號，看牠來自何方。小和尚照師父交代的去做，當蜘蛛來時他就在牠身上畫了個圓圈，蜘蛛走後，他便安然入定了。

當小和尚坐禪完畢後一看，卻發現那個圓圈在自己的肚子上。原來困擾小和尚的不是蜘蛛，而是他自己，蜘蛛就在他心裡，因為他心不靜，所以才感到難以入定，正像佛家所說：「心地不空，不空所以不靈。」

一個人如果能排除雜念，就能在喧鬧的環境中體會到內心的平靜。

平靜是一種幸福，它和智慧一樣寶貴，其價值勝於黃金。真正的平靜是心理的平衡，是心靈的安靜，是情緒的穩定。

如果你每天騎著單車上下班，回家到菜市場購物，之後做幾盤可口的家常菜，和家人孩子一起享受天倫之樂。你應該深感慶幸，因為你平淡的生活充滿著許多人羨慕的無比幸福！

這個世界有太多的誘惑，因此有太多的欲望。一個人需要以清醒的心智和從容的步履走過歲月，他的精神中必定不能缺少淡泊。雖然我們渴望成功，渴望生命能在有生之年劃過優美的軌跡，但我們需要的是一種平平淡淡的快樂生活，一份實實在在的成功。這種成功，不必努力苛求轟轟烈烈，不一定要有那種揭天地之奧祕，救萬民於水火的豪情。只是一份平平淡淡的追求，但這足矣！

生活，並不是只有功和利。儘管我們知道必須去奔波賺錢才可以生存，儘管我們知道生活中有許多無奈和煩惱。然而，只要我們擁有一份淡泊之心，量力而行，坦然自若的去追求屬自己的真實，並做到寵亦泰然，辱亦淡然，有也自然，無也自在，如淡月清風一樣來去不覺，那樣的生活不是要輕鬆快樂得多嗎？

也許，你沒有輝煌的業績可以炫耀，沒有大把的鈔票可以揮霍，但你擁有淡泊，這就是人生求之難得的幸福了。諸葛亮有言：「非淡泊無以明志，非寧靜無以致遠。」淡泊是一種真我，是英雄本色。追求淡泊者，生活的道路上永遠開滿鮮花，永遠芳香四溢；追求名利者，生活的道路上會遍布陷阱，只能在生命終結的一剎那體會到稍縱即逝的一絲快樂。

魚乾女變身手札

不要覺得多喝汽水就會有氣質

人生的大戲不可能永遠處於高潮，平平淡淡才是真，擁有淡泊之心，便能撥雲見日，體會到生活的真正內涵，否則，只能在生活的邊緣徘徊，只能是捨本逐末。

學會淡泊，擁有淡泊，你就能在當今社會越演越烈的物欲和讓人眼花繚亂、目迷神惑的世相百態面前神寧氣靜，你就會拋開一切名韁利鎖的束縛，在人生的大道上邁出自信與豪邁的步伐，讓心靈回歸到本真狀態，從而獲得心靈的充實、豐富、自由和純淨！

第十五章　氣質與心態——優雅的氣質來自完美的內心

魚乾女變身手札

不要覺得多喝汽水就會有氣質

作　　者：章含 著
發 行 人：黃振庭
出 版 者：崧燁文化事業有限公司
發 行 者：崧燁文化事業有限公司
E-mail：sonbookservice@gmail.com
粉 絲 頁：https://www.facebook.com/sonbookss/
網　　址：https://sonbook.net/
地　　址：台北市中正區重慶南路一段六十一號八樓 815 室
Rm. 815, 8F., No.61, Sec. 1, Chongqing S. Rd., Zhongzheng Dist., Taipei City 100, Taiwan (R.O.C)
電　　話：(02)2370-3310
傳　　真：(02) 2388-1990
總 經 銷：紅螞蟻圖書有限公司
地　　址：台北市內湖區舊宗路二段 121 巷 19 號
電　　話：02-2795-3656
傳　　真：02-2795-4100
印　　刷：京峯彩色印刷有限公司（京峰數位）

定　　價：350 元
發行日期：2020 年 8 月第一版
◎本書以 POD 印製

國家圖書館出版品預行編目資料

魚乾女變身手札：不要覺得多喝汽水就會有氣質 / 章含著 . -- 第一版 . -- 臺北市：崧燁文化 , 2020.08
　面；　公分
POD 版
ISBN 978-986-516-448-5(平裝)
1. 氣質 2. 生活指導
173.73　109011858

官網

臉書